漢華

70

序

梁振英博士

大紫荊勳賢
太平紳士
原香港特別行政區行政長官
全國政治協商會議副主席

在漢華七十年的悠長光輝歲月中,我是後來者。

上世紀九十年代初,時任漢華校監的黃建立先生到我辦公室,談漢華的發展大計,一是轉型直資,二是建新校舍,並要求我幫忙,我一口答應,並不完全是由於黃校監是我中學母校英皇書院的學長,而是由於這兩件事實在太難,但又實在太有意義。

在往後幾年時間,我跟着黃校監在大暑天上胡忠大廈跑教育部門,到加入校董會,以至參加募款遷校工作。猶記得 2005 年 8 月底一個艷陽高照的下午,我,還有亞洲金融集團的陳有慶先生和賽馬會的黃至剛先生等人,在西環的卑路乍街會合,一眾人喘着氣拾級而上,到青蓮臺的校舍參觀。當時我的第一個感覺就是漢華的校舍條件確實和漢華人的志氣太不匹配了。後來,我出席了小西灣新校舍的動土典禮、平頂典禮和落成典禮,也參加了設計新校服和新校徽等工作,實在與有榮焉。

漢華不僅是愛國勤學的一面鮮明旗幟,同時也是教學育人的踐行者。漢華教育機構和漢華中學的同寅、師生,從創校到擴校到遷校,具體地體現了迎難而上的品德和天不負人的精神。

近月香港亂象頻仍,青少年的人生觀、社會觀和國家觀受到高度關注,教育的內涵、方式和成效更多被質疑。撫今追昔,我更緬懷和漢華朋友共同工作的日子,更肯定青少年教育的重要性,更珍惜漢華 70 年來艱苦奮鬥取得的豐碩成果。

我祝願漢華教育機構、漢華中學、全校師生家長繼續迎風而立,逆流而上,不負這個偉大的新時代。

陳有慶博士

大紫荊勳賢
太平紳士
中華全國歸國華僑聯合會顧問

《漢華七十》承載着幾代漢華人的回憶、實踐與成就，終於面世了！作為老校董的我，謹此致以最衷心的祝賀，祝福漢華精神永駐，在更富挑戰的未來歲月，繼續傳承，發揚光大！

一間於七十多年前創立的學校，取名「漢華」，在一個中西兼容的城市，可見其立足香港，志在培育中華文化素質優秀人才的初衷；其後，漢華中學與香港風雨同行，一直緊緊守護這一辦學宗旨，不懈努力。其間，一批批漢華學子的中華情結已在香港、祖國內地和世界各地開花結果；治學者們的學識、經驗與奉獻也在不斷得到延續與昇華。七十年來的漢華，走出了一條在香港培育擁抱中華、放眼世界年青學子的成功路，實可喜可賀！

2006 年本家族向漢華中學捐贈「陳弼臣圖書館」，一是以實實在在的支持改善漢華的辦學環境，二是期盼增強閱讀風氣，開擴青少年的思維與抱負，以多元化知識應對風雲變幻的社會轉型與挑戰。時至今日，香港雖然依然享有多方面獨特優勢，但來自世界經濟、社會等更大範圍及更深層次的衝擊無時不在，如何培養新一代漢華之才，再次提出新的考驗。我堅信，縱使前路艱辛，甚至有時歷經滄桑與曲折，但只要我們秉承漢華那永遠發光發熱的中華精神，堅持扎實的教學科研耕耘，我們的漢華就一定不負眾望，繼續走出一條充滿生機與陽光燦爛的發展之路！

謹此，再次表達本人對漢華中學成長的敬意和祝賀！

黃玉山教授
銀紫荊星章
太平紳士
香港公開大學校長

漢華教育機構出版校史《漢華七十》，邀請我寫序，我十分樂意！

小西灣新校啟用不久，我便應邀加入了漢華校董會參與校務工作，多年來我目睹校務成績顯著，無論課程設置、校舍擴展、學生培養、師資改進等都取得進展，令人欣慰。但對它的歷史卻所知不多。直至看了《漢華七十》，讓我對漢華的過去有了深入的了解，尤其是初創時期漢華前輩們心懷宏願，在非常困難的條件下，創辦漢華中學，我敬佩前輩們的宏大理想，亦被他們的愛國情懷和教育熱忱深深感動。漢華的發展是香港教育史中一個難得的成功例子。

漢華的成功，有着許多因素。

第一，辦學目標鮮明。初創時，張泉林校長便清晰地提出了辦學三大方向「為祖國而教育、為學生而服務、為真理而教學」，簡單而又旗幟鮮明，就是這個理念支撐漢華幾代人艱苦辦學。李鴻舒校長在他的《憶創校》詩中寫：「戰後風尚樸，重教亦尊賢。學子勤課業，為師身教先。」正是這個理念的生動寫照。

第二，重視教學，銳意課程改革，發展校本課程，重視實踐實驗。黃建立校長為漢華的發展嘔心瀝血，居功至偉。漢華中學創校初期，他已經提出「充實教學內容，加強學生認識」、「改進教學方法，發揮集體研究精神」、「課內與課外配合」、「發揚自覺與自治的精神」、「與家庭配合去管教」這五項教導方針，把現代的教育方法發揮得淋漓盡致，和半個世紀以後，香港教改提的「全方位學習」、「同儕觀課」、「學生自治」、「家校合作」……異曲同工，我真的難以相信：在六七十年前，漢華的前輩們已經在探索如此先進的教學模式。

第三，長期重視學生體藝發展。漢華中學在

校舍條件不足的情況下，仍提出「體藝齊飛　發展優質教育」，令人讚歎。記得漢華上世紀六十年代的舞蹈在學界便相當有名氣，《採茶撲蝶》就上了電視，我亦在大會堂觀看了他們慶祝二十周年校慶晚會演出的大型朗誦、音樂、舞蹈綜合節目《漢華之歌》，這是漢華師生的集體創作，獲得社會很高的評價。學生每天均參加早操和眼保健操，還有手風琴、朗誦、田徑、球類等課外活動。充實的體藝活動有利於提高學生的生活情操，漢華所做的亦正是近二十年香港課程改革所追求的目標。

第四，服務漁農，拓展辦學模式。六十年代末香港經歷了反英抗暴的事件，漢華師生不畏困難，更加發展愛國的事業，加強基層地區的教育工作，先後在元朗和香港仔辦分校，探索漁農地區的辦學經驗，為基層漁農子弟的辦學模式亦是創香港之先猷。

第五，堅持品德教育。漢華中學長期堅持對學生進行品德教育，所以校風優良。而國民教育更是品德教育中不可或缺的部份，即使是香港社會掀起政治風波之時，漢華仍然獲得家長校友的支持，不斷發展及優化品德教育、國民教育的形式與內容。

漢華近年來更注重學術，提升教學及學習素質，學生課內外成績顯著，進步驕人。喜見漢華公開試成績不斷進步、學術以外的成績均捷報頻傳。盼望漢華能堅持繼往開來，培育菁英。

祝願漢華中學在未來的日子裏，再創輝煌，為香港教育、為國家教育多作貢獻！

序

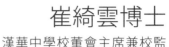

崔綺雲博士

漢華中學校董會主席兼校監

出版校史的想法孕育於四年前。當時大家在計劃漢華七十周年的慶祝活動，深感出版校史的意義和迫切性，因此很快便制定了計劃。經同意和確定後，一連串的工作便馬上緊張地展開了。

感謝主筆梁一鳴博士。梁博士翻查和閱讀了大量的歷史素材，訪問了漢華的老前輩，與不同年代的老師、校友進行了多場廣泛的訪談。對如何呈現及表達漢華歷史的分期，和我們進行了深入的討論。全書八章，由 1945 年至 2018 年，立體地呈現了漢華在抗戰勝利後、英國殖民政府管治時期和 1997 年回歸之後的歷史大環境下如何辦理和實踐愛國教育。

感謝校史整理編撰組的成員四年多以來的辛勞工作。除邀約各種訪談外，文字資料、圖片的搜集和核對工作龐大且艱鉅，還有後期的校對工作，都是十分繁重的。《漢華七十》的成功面世有着他們的一份功勞。

上世紀七十年代初，正是香港學生「認識祖國　關心社會」（簡稱「認祖關社」）運動蓬勃發展的年代。當時還是香港大學學生的我，積極參與「認祖關社」運動。由於漢華鄰近香港大學，不少大學同學，包括自己在內，經常跑到漢華與老師和同學開座談會，討論中國問題。漢華成為了我接受愛國主義教育的搖籃。在大學時期，我還到漢華擔任兼職英文教師，畢業後便順理成章在日校（以後又任職英文專科夜校）擔任全職英文老師，並參加學校的行政工作。本世紀初，我應已故黃建立老校監的邀請，回校擔任校監，後再兼任校董會主席，全力參與小西灣校舍的建設

和遷校工作。

九七回歸後，辦學的道路較前寬廣和順暢了，辦學的條件也改善了。2000 年至 2006 年我們成功獲得了特區政府撥地，在小西灣現址自行設計和興建一所中小學校舍，並於 2006 年建成和遷入。嶄新的一條龍漢華中小學校舍從此落戶港島東陲。停辦多年的小學得以復辦。新校舍為我們辦學注入了更多的活力，提供了更多空間去實踐我們的教育理念。

隨着知識經濟的來臨，我們總結了經驗，提出了「漢粹國菁」為漢華的校訓，「繼往開來、培育菁英、與時俱進、力求卓越」為新的辦學方針。新的教育篇章從此展開。

《漢華七十》承載着漢華人的回憶，也承載着幾代人實踐的成果和經驗。漢華作為香港少數傳統愛國學校之一，有着她歷史的責任和時代的使命。讓我們承先啓後，把愛國教育的種子灑在這片土地上，開花結果。

序

葉國謙主席

大紫荊勳賢
太平紳士
漢華教育機構信託局主席

《漢華七十》面世了。這是漢華教育機構出版的第一本屬於我們集體回憶的書，意義特別重大。它記載了過去七十多年漢華的人與事，將喚起漢華人難以忘懷的回憶。為了讓漢華人更好地了解和認識漢華，我們一向重視校史教育。1956年，校慶特刊羅列了「大事簡記」；七十年代，學校舉辦「校史圖片展覽」；1985年四十周年校慶，首次有系統地整理校史，出版《漢華四十年》特刊；2010年六十五周年校慶，設立「校史廊」；籌備七十周年校慶的時候，教育機構決定全面整理漢華的歷史，建立「校史室」及出版校史——《漢華七十》。

「為祖國而教育、為學生而服務、為真理而教學」，是七十多年前漢華拓荒者的創校宗旨，讓每個在這裏受教育、受栽培的學生，都熱愛國家，學好本領，立志做一個對社會和國家有用的人。拓荒者披荊斬棘，為漢華奠定了努力的方向，他們的情操至為高尚，精神至為可嘉，令我萬分敬佩。七十多年後的今天，我們矢志不渝，辦學宗旨仍然經得起時代的考驗。

殖民地年代，學校備受排斥、資源匱乏；加入「直接資助計劃」後，辦學條件有所改善；2000年，獲政府撥地興建新校舍，辦學環境進一步優化，資源漸豐。在不同年代，漢華教職工以極大的熱情、無限的創意踐行學校的理念，衝破難關，努力闖出一個又一個新高峰，為學生健康成長的歷程留下終生難忘的印記。我們以此為榮！以此為傲！

「愛國愛校、團結互助、勤儉樸素」是經過漢華人幾十年的實踐而形成的三大優良傳統，也

就是我們常說的「漢華精神」。正如黃建立前主席闡述，「愛國是我們的根本立場，愛校是集體觀念的表現，團結互助是漢華教工同學當中的人與人的關係，勤儉樸素是我們的作風」。我們定會將漢華精神薪火相傳。

隨着時代的步伐，配合香港教育的發展，漢華提出了「繼往開來、培育菁英，與時俱進、力求卓越」的辦學方針。今天，漢華能站在更高的台階，有更大的資源，繼續努力實踐辦學的抱負、理想和理念，確實來之不易。在這七十多年的歲月裏，不論是風光明媚的好日子，還是風雨交加的困難天，漢華永遠不會忘記你們

——曾經為漢華教育事業獻出青春和智慧的教職員工們！

——與我們攜手共進教育好下一代的家長們！

——時刻關心和支持母校發展的校友們！

——不斷鼓勵漢華前進，並給予關懷和督促的各界朋友們！

最後，感謝主筆梁一鳴博士及校史整理編撰組為《漢華七十》出版付出的不懈努力。

漢華中學七十年
——愛國教育一面光輝旗幟

梁一鳴博士
主筆

承蒙漢華教育機構邀請編著《漢華七十》，是我莫大的榮幸和挑戰。作為上世紀七十年代大專學生「認識中國、關心社會」運動的經歷者，我曾多次到漢華中學聆聽有關祖國發展的報告，感受到師生的獨特精神面貌，既開闊了我對國家和民族的認識，也確立了我的愛國情懷。及後從事教育工作，亦有機會接觸漢華中學的校長和老師，特別是黃建立校長那份充滿感染力的愛國教育熱忱及親切感，令我難以忘懷。作為歷史愛好者、研究者，對歷史面貌之恢復與呈現有一份執着與冀盼。於是，為漢華中學整理它獨特的校史、豐富了香港教育發展史的空白部份，這樣的一份別具特殊意義的工作落到我肩上，感到無比光榮。

港英政府管治香港一百五十多年，一直在學校教育中對課程進行閹割，既淡化愛國元素，也用公開壓制等手段削弱課程的國家觀念，以防範在華人學生中產生民族主義情懷，衝擊殖民統治。1949年中華人民共和國成立後，由愛國人士旗幟鮮明地開辦推行愛國教育的學校，更是港英政府致力限制和打壓的對象。愛國學校被港英教育當局標籤為「親共」或「左派」學校，長期受到資源限制、待遇歧視的不公對待，以致它們長期被排擠在「津貼」和「補助」學校體制之外，靠自力更生艱苦經營。辦學者堅毅不拔又針鋒相對地在困境中推行愛國教育，當中的氣魄令人肅然起敬。這樣的歷史不應被遺忘。刻意壓抑愛國學校的不合理局面，一直維持到香港九七回歸前才得以紓緩和糾正。

在整理浩瀚的陳年校史資料及與各年代漢華

人的訪談過程中，我看到無數感人肺腑、驚心動魄的情景，一一浮現腦海中，使我深深感覺到：一定要把艱苦創校前輩的赤子之心；幾代漢華人的無私奉獻與堅持；對重重困難不屈不撓；有智有謀地團結師生、校友、家長化危為機；在資源有限之下仍敢於開拓創新；勇於超越、與時並進等等優良傳統盡力透過關鍵細節的描述，完整和生動地表現出來，令這些人和事躍然紙上，傳揚於世。

我感到驚訝的是，自上世紀五十年代以來，漢華中學的教學理念和實踐，早已超越當時香港主流的、封閉保守的教育模式。漢華中學早便全面推行校本課程，全校教師開展教研活動，提升教學效能；學生廣泛閱讀，了解時事，參與社會活動、學科考察；課外活動蓬勃，體育藝術學習全面發展；推行學生會民主選舉、學生自治。凡此種種，使漢華中學秉承了進步教育的基因，能在各時期與時並進，更在本世紀初的教育改革浪潮中脫穎而出，成為今天一所優質教育學校。

感謝校史整理編撰組成員四年多來共同努力，完成安排訪問、修改初稿、核對史料、澄清疑點、收集圖片等艱鉅的工作。他們都是經歷不同年代的漢華人，是漢華歷史的見證人，沒有他們的鼎力支持，本書實在難以順利面世。

期望本書之出版，能讓漢華中學這段可歌可泣的歷史得以完整保存，令前人的奮鬥奉獻備受紀念，學校辦學的初心得以承傳。祝願在 21 世紀中華民族偉大復興、世界格局大變動的時代，漢華中學繼往開來，並發揚光大。

漢華 70 ——編輯團隊——

主筆

梁一鳴博士

—— · 校史整理編撰組 · ——

組長

黃襯歡

成員

李潔儀　李雁怡　馮敏威　冼麗雲

左起
李雁怡　馮敏威　李潔儀　梁一鳴　黃襯歡　冼麗雲

目錄

香港重光滿瘡痍
赤子堅毅立漢華

大家經歷了八年抗日戰爭嚴酷考驗，

深深體會到對青少年教育的重要，

立志通過辦學來培養具有高尚品德、

有科學知識、有健全體魄、有理想、

有自尊的炎黃子孫，帶領青少年一代擴大理想，

認識祖國，接受幾千年留下來的智慧，

把他們培養成為愛國愛民有用之才，

使我國強盛起來，

不會再受外敵侵略欺負。

——鍾國祥

世界政局風雲突變，滾滾向前的歷史長河，在拐彎之處，把香港置於與祖國命運休戚與共，與民族復興歷程緊扣的獨特位置，讓胸懷壯志、把握風雲際遇的志士仁人大展身手，報效國家民族。

──────○──────

香港重光　滿目瘡痍

1941 年 12 月 25 日，隨着太平洋戰爭爆發，日本侵佔香港，英軍倉皇撤退，結束了自 1842 年起的百年管治，香港淪陷，於日軍鐵蹄下渡過三年零八個月的苦難歲月。1945 年 8 月 6 日和 9 日，美國在日本廣島和長崎投下原子彈。8 月 15 日，日本天皇裕仁在電台宣讀無條件投降的停戰詔書。深謀遠慮的英國，為了保持它在遠東的利益，馬上啟動早已部署的「重佔香港」（Reoccupation of Hong Kong）計劃，[1] 從英國太平洋艦隊派出分隊連同海軍陸戰隊搶佔香港，恢復英國在香港的統治。9 月 16 日下午，英國海軍少將夏慤（Cecil Harcourt）在港督府舉行香港受降儀式，以英國政府和中國戰區最高統帥雙重代表身份，接受香港日軍將領投降。中國政府代表潘國華少將、美國政府代表威廉遜上校（Adrian Williamson）在場見證受降儀式。

9 月 1 日，夏慤宣佈成立軍事管制政府，恢復日佔前的法律和貨幣，並實行宵禁。港島的日本軍民被送到九龍集中營。負責策劃重佔香港的前香港華民政務司麥道高（David MacDougall）帶同十多位英國官員由印度返港，出任首席民政官，協助軍事管制政府全面恢復在香港的殖民統治。

香港重光，劫後餘生的香港居民歡呼慶賀，但他們面對的是滿目瘡痍、殘破蕭條、百廢待興的局面。日佔時期香港人口銳減，由日佔前的 160 萬減至戰後的 53 萬，其中八成營養不良、面黃肌瘦；全港一萬多座民房被戰火摧毀，17 萬居民無家可歸。各區環境衛生惡劣，垃圾堆積如山，蚊蟲滋生。市面糧食、日用品、燃料嚴重短缺，軍事管制政府需要實施糧油配給和物價管制。由於貨幣短缺，不得不在日本發行的軍票上加蓋英文的幣額作臨時使用。公共交通、電力、煤氣有待恢復，登記復工的工人僅有戰前的六分之一。海面與粵港內河滿佈水雷。廣九鐵路未復通車。[2] 九龍和新界治安惡劣，土匪流氓橫行，為此，夏慤主動與抗日東江縱隊大隊代表密商，安排部份隊員留下，協助新界各村村民成立鄉村自衛隊維持治安。[3] 在戰後半年內不斷由內地來港的數十萬人，亦大大加重了對房屋、糧食、就業等各方面的需求。

（二）
愛國赤子　堅毅立校

　　香港光復後的教育事業破落凋零，學位供不應求。在日佔時期，所有校舍完善的教會學校，如聖約瑟書院、喇沙書院、拔萃男校、瑪利諾修道院學校、協恩書院、聖士提反中學等，均被日軍佔用改作醫院、馬房、兵營等用途，修復需時。[4] 全港大部份的學校，或毀於戰火，或設備被盜竊一空，或學校的主辦者尚未返港，而教師更是嚴重缺乏。

　　1945 年 9 月底，教育司署在高等法院內設立臨時辦事處，由前羅富國師範學院院長羅威爾上校（T. R. Rowell）兼管，工作重點是協助官立學校和教會津貼學校復課。9 月 25 日，教育司署發出通告，要求所有在日佔前已經立案的學校重新登記，新開辦的學校須由辦學者呈報辦學人員身份、課程和教師資歷，申請審批立案。由於戰後校舍奇缺，對校舍標準暫時放寬，「待日後恢復民政才作嚴格甄別」。[5] 1945年底，全港復課和新開辦的各類中小學只有 70 間，學生人數約 2 萬人，不到日佔前的十分之一，三分之二的適齡兒童因得不到學位或沒有能力繳交學費而失學。[6]

　　在這個歷史時刻，李鴻舒、鍾國祥、馮

創辦人、董事長
鍾國祥

創辦人
彭匯

創辦人、首任校長
李鴻舒

鍾國祥，1921 年出生於廣東新會，父親是加拿大華僑，同盟會老會員。1935 年入讀廣州廣雅中學初中，是年，北京抗日救國「一二九運動」的影響傳到廣州，全市學生罷課，他是初中部的學生代表，又是糾察隊隊長，參加了罷課遊行。1937 年抗日戰爭爆發，廣州淪陷，輾轉到西江、粵北升學。1941 年入讀粵北文理學院社會教育系，曾擔任學生會主席。1942 年參加東江縱隊，直至 1945 年日本投降後，11 月到香港，與李鴻舒、彭匯等創辦漢華中學，並於 1947 年擔任董事長。

1947 年底，返回內地，長期在廣州工作。2004 年於廣州病逝。

彭匯（會），1919 年出生於廣東中山，1932 年，隨父母移居香港，入讀旺角華南中學，後返回內地西江庚戌中學完成初中，再轉到粵北連縣升讀高中，曾參加抗日救國活動。1945 年，抗日戰爭勝利後返回香港，協助兄長打理辦館生意。得悉鍾國祥等籌辦漢華中學，向兄弟姐妹籌募 1,500 元作為開辦資金，並在夜間參與開校工作。

1946 年 6 月，返回內地，在北京工作至退休。2003 年於北京病逝。

李鴻舒，1913 年出生於廣州，祖籍廣東鶴山。1944 年畢業於廣東文理學院教育系，學生時期曾參加抗日救亡運動，畢業後在連州省立粵秀中學任教，後參加東江縱隊的抗日宣傳工作。抗日戰爭結束後，1945 年 11 月來到香港，與文理學院的學弟鍾國祥、馮桂森、彭匯重聚，共謀辦學育人的事業，積極籌辦漢華中學。

漢華中學成立後，他出任首任校長。

桂森、彭匯幾位廣東文理學院（原廣東勷勤大學）[7] 的畢業生和校友，先後從內地來到香港。他們都在三十年代求學時期經歷進步學生愛國運動洗禮，1937 年日本全面侵華後，他們輾轉於粵北連州、韶關、坪石等地，積極參與抗日救亡活動，飽嚐民族苦難。他們志同道合，想到祖國的未來，深感國弱民窮受列強欺凌，其關鍵在於教育落後，立志以教育救國，辦學育人，培養青少年一代成為具有高尚品德、充實知識、健全體魄，有理想、有民族自尊的棟樑之才，使國家富強，不再受外敵侵略欺負。

在籌辦學校的過程中，透過馮桂森的關係，他們認識了原「漢華學校」的常務校董馮光武，得悉 1938 年在九龍創辦的「漢華學校」已經毀於戰火，於是商議重新登記立案，開辦全新的「漢華中學」。由於當時九龍的治安尚未全面恢復，而西環是他們熟悉的社區，區內勞苦大眾對教育需求甚殷，乃確定在港島西區開辦。

1945 年 12 月 23 日，辦校籌備委員會成立。李鴻舒隨即找到西環太白臺香港道德會擁有的一幢古色古香的唐樓，向業主租了地面五間、二樓一間共六個單位作校舍，每間月租 25 元。在覓得校舍後，他馬上向教育司署正式申請辦校，在不到一星期的時間便得到批准立案。馮光武任董事長，李鴻舒任校長。

籌備委員會挑起了艱鉅的建校任務。鍾國祥以身上僅有的五元，買來四張竹笪、紅白油漆及紙筆墨，柯勞老師揮筆在竹笪上寫上「漢華中學」四個大字，大家合力將之高掛在太白臺樓層露臺的鐵欄杆外，並抄寫招生廣告在區內張貼。由於樓宇在日佔時期空置並被流浪者闖入破壞，內部已經破爛不堪，衛生環境差劣。鍾國祥帶領眾人動手清理環境，粉刷教室牆壁和外牆。各人不顧雙手皮膚被灰水燙得脫皮，灰塵遍體，白天合力修繕校舍，晚上則開會研究開課和教學事宜，每每工作到深夜。

1946 年 1 月，籌備委員會借用附近的中山茶樓，包廳進行招生面試和考試，取錄了小學一年級到初中一年級共 120 位學生。當時的工人月入不到 100 元，生活困苦，為照顧貧苦家庭的經濟能力，每月學費定在低於當時的平均水平，只收幾元至十幾元。

在陸續收取學生和學費的同時，鍾國祥找到灣仔煥興傢俬店，老闆願意暫收微薄的訂金，為學校造黑板和師生的桌椅。為人低調、默默實幹的彭匯，白天在哥哥的辦館上班，下班後參加建校工作，他經常無私地拿出自己的收入，資助建校的需要，也由於他的英語較好，承擔了相關的事務。

在籌辦建校期間，他們還動員親友支持。在廣州做護士的曾還也來港參加學校的後勤工作，並帶來 500 元的資金。香港《華商報》的趙元浩和方迪槐，各自捐獻 500 元，使建校的工作能夠加快完成。

1946 年 2 月的一個早上，漢華中學首任校長李鴻舒連同十多位教職員工，站在學校門前，滿腔熱情地迎接開學的首天。120 位學生在家長的陪同下，爬過由山市街而上的近百級石板階梯，來到煥然一新的漢華中學。小一至小五班級各有教室，六年班和初一班則共用一室進行複式教學。學生走進灰水氣味猶鮮、牆壁雪白、黑板發亮、桌椅嶄新的教室，以無比喜悅的心情，開始上學的第一天。

在明亮的晨光中，既清脆又充滿童真的琅琅書聲在樹影婆娑的太白臺響起，隨風飄送到校園的上空，為沉靜破落的西環七臺[8]帶來了勃勃的生機和活力。

就是這樣，在不到兩個月的時間內，這群愛國愛民的年青赤子，以堅毅不撓、勇往直前、爭分奪秒、團結奮鬥的精神，完成了辦校立案、尋覓校舍、招收學生、粉飾校舍、開學授課的艱鉅工作。

艱苦創校

陳焜旺繪

六十年代的
太白臺

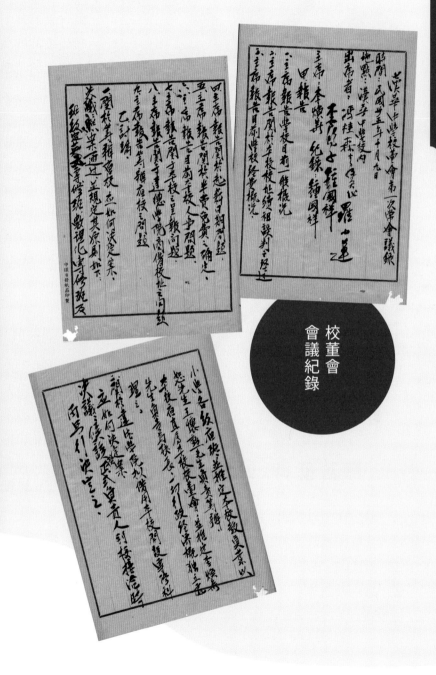

校董會會議紀錄

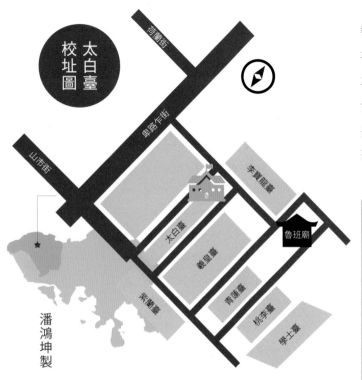

太白臺校址圖

潘鴻坤製

餐青菜麵食，大家稱之為「大鍋麵」。他們擠在二樓的教員室，認真備課，全心教學，在課本缺乏的時期自編教材，在物質貧乏的環境中發揮創意，又發揚同舟共濟、公而忘私的精神共渡時艱，苦撐了一個學期，終於使新生的漢華中學站穩腳跟，迎風屹立。

1946年三八婦女節，我到香港……，次日就到西環太白臺見鍾國祥校董，他對我說：「學校總算辦起來了，但很窮，這裏的老師只能供應一頓午飯，工資是沒有的。」他叫我擔任小二班的班主任。當時我的思想是：抗日戰爭八年東奔西跑已經過去，到香港能幹我所學的本行，不是很好嗎？當時學校雖然簡陋一些，而教學工作是認真嚴肅的，我們很愛那班天真活潑的小朋友。記得香港當時購買米糧還不是那麼容易，聰明的炊事員，就買一罐最便宜的澳洲牛肉煮一鍋麵，下課後我們大夥就高高興興的吃「大鍋麵」。生活雖然艱苦一些，而我們同事的關係，總是團結無間，輕鬆愉快的。還記得一次老師工作會議中有人提出：「我們的課室實在殘舊了，是否掃一次灰水？」大家贊成，但錢從哪來？經過考慮，大家異口同聲地說：「自

—— 三 ——
艱苦堅持 站穩腳跟

學校在開辦初期，由於收費低廉，資金不足而面對經費緊絀，財務週轉困難，李鴻舒校長、鍾國祥、彭匯、馮桂森、柯盧、張維靜、黃小敏、歐鼎芳、張雪馨、歐樞、李冷等十多位教職員，自願無薪工作，每天由學校提供三

己動手」，於是利用一個星期天，就把幾間課室掃得雪白。小朋友們回來見到課室光亮了，高興得跳起來，我們也由心底裏高興。

——張維靜，〈難忘的一頁〉，
《情繫漢華》，頁 53

　　漢華中學立足港島西區，熱誠服務勞苦大眾的教育理想，和教學團隊全心全意教書育人的精神，很快便贏得社會人士、街坊和學生家長的鼎力支持。煥興傢俬店的學徒陳天才，義務為學校作後勤維修，後來還加入學校成為總務部員工。凡是學校課室遇上意外的、特殊的損壞，街坊和學生家長都會到校主動協助維修。

　　學校密切聯繫家長、依靠社會人士辦好教育事業的傳統，在立校初期已經建立。[9]

　　回顧這段艱苦立校的歲月，李鴻舒校長賦詩《憶創校》[10] 以作紀念：

釋文：

漢華四十年，回顧共勉旃。
創校太白臺，樹人香江邊。
戰後風尚樸，重教亦尊賢。
學子勤課業，為師身教先。
百廢亟待舉，艱難志益堅。
服務宗旨定，民主旗幟鮮。
緣此風不息，奮鬥年復年。
任憑漫天雪，桃李競芳妍。
豈怕今夜寒，花枝多招展。
園丁同額手，喜迎艷陽天。

結　語

學校創辦人以教育救國、辦學育人的理想，憑着堅毅意志，克服重重困難，成功創立了漢華中學。於大時代轉折的時空，在香港西環開創了一所實踐愛國民主教育理想的新型學校，在香港教育史中邁出了新的一步。

1　1943 年 11 月，羅斯福總統（Theodore Roosevelt）在埃及開羅召開的美、英、中三國元首會議上提出，香港在戰後成為中國管轄下的一個自由港，被英國首相丘吉爾（Winston Churchill）斷然拒絕。英國秘密成立香港計劃組（Hong Kong Planning Unit），由日佔前的香港華民政務司麥道高（David MacDougall）擔任組長，任務是在將來日本戰敗後落實重佔香港（reoccupation of Hong Kong），並迅速建立行政機構。1945 年 8 月日本投降後，美國總統杜魯門（Harry Truman）發出第一號總統令，命令盟軍最高司令麥克阿瑟將軍（Douglas McArthur），通知在中國境內、台灣和北緯 16 度以北（包括香港地區）的日本軍隊，向中國戰區統帥蔣介石委員長投降。中國政府委任第二方面軍司令張發奎為廣州、香港、雷州半島和海南島等地的受降長官。英國政府致電杜魯門，反對把屬於英國的香港理解為中國軍區的土地，並表示已經安排派遣一支艦隊前往香港，把它從日本的佔領下「解放」出來，請求他通知命令麥克阿瑟將軍指令日本向英國投降。這個請求得到杜魯門的同意，因為他正着眼對付戰後崛起的蘇聯而不願意失去英國盟友的支持，也不如前任的羅斯福總統那般積極支持中國在戰後收回香港；與此同時，英國向中國政府提交外交照會，認為香港不屬於中國軍隊接收範圍，並告知中方，英軍將進入香港，自行收回失地。8 月 16 日，被囚禁在香港島赤柱集中營的英國戰俘得悉日本投降，營中的前輔政司詹遜（Franklin Gimson）向日本軍方表示，他會以「署理總督」身份接管香港，並要求提供無線電台和辦公地方，成立臨時政府總部。中國政府強烈反對英國搶先光復香港受降的圖謀，多次致電杜魯門總統要求維持第一號總統令，由中國政

府受降的安排。但當杜魯門在 8 月 21 日正式表示美國在香港受降問題上放棄了原本安排後，蔣介石只能接受現實，轉而與英國交涉受降儀式，達成了一個顧全中國面子的方案——由中國「委託」英國為代表，在香港接受日軍投降。作為交換條件，英國答應讓蔣介石的十萬精銳部隊在香港光復後來到九龍下船，由美國的軍艦運送到華北和東北，接收當地的城市。8 月 23 日，英國正式委任詹遜在中環法國外方傳道會（今終審法院）成立臨時政府，管轄範圍只限於香港島，諷刺的是，臨時政府仍然依賴日軍維持社會治安。1945 年 8 月 30 日，率領英國太平洋艦隊第 111.2 特遣分隊的 16 艘艦艇，在旗艦航空母艦「不屈號」（HMS Indomitable）帶頭下，浩浩蕩蕩地進入維多利亞港，與另一支分隊的三艘驅逐艦會合，於港島金鐘海軍船塢登陸，正式重佔香港，英國國旗再次在香港島升起。三千英軍隨後登岸，接手香港島和啟德機場的防務。（引自孫揚：《無果而終：戰後中英問題交涉 1945 － 1949》，北京：社會科學文獻出版社，2014 年）。

2　香港重光後的情況詳見於（i）葉德偉：《香港淪陷歷史》，香港：廣角鏡出版社，1984，頁 163；（ii）關禮雄：《日戰時期的香港》，香港：三聯書店，1993 年，頁 164。

3　夏愨在九龍半島酒店與東江縱隊代表袁庚和黃作梅會面，達成協議讓部份隊員協助維持新界治安一年，見陳敬堂編：《香港抗戰：東江縱隊港九獨立大隊論文集》，香港：康樂及文化事務署，2004 年，頁 256。

4　Patrick Chiu, *A History of the Grant Schools Council*, Hong Kong, Grant Schools Council, 2013, p. 88.

5　《南華日報》，1945 年 9 月 26 日。

6　《華商報》，1946 年 1 月 20 日。

7　廣東省勤勤大學是 1935 年廣東省政府為紀念國民黨元老古應芬（字「勤勤」），將廣東工業專門學校及廣州市立師範學校合併而成立，大學內的師範學院由開明進步教育家林礪儒任院長，他在課程內介紹國際政治、世界革命歷史、新哲學（馬克思主義）等進步思想；1937 年全民抗戰開始後，他積極支持中國共產黨地下黨組織學生成立抗日後方服務隊，並親任總隊長；1938 年師範學院獨立為廣東省立文理學院，廣州淪陷後遷到粵北連州。文理學院培養了大批愛國進步年青學生，投入抗日救國洪流。

8　西環七臺是二十世紀二十年代地產商李寶龍依山開墾的七座平台建築。可能是李寶龍延續父親李陞對李白（701 － 762 年）的尊崇，他命名西環七臺時都包含了李白的歷史，由山上薄扶林道開始，依次是學士臺、桃李臺、青蓮臺、羲皇臺和太白臺，名字與李白的關係顯而易見。還有李寶龍臺和紫蘭臺，台上樓宇每幢四層高，每層均建有弧形的露台，中央部份向外微彎，昔日是淡黃色的外牆，露台外掃上綠色交差斜紋的鐵圍欄和綠色水管，是塘西年代很有特色的中式唐樓。

9　本節關於李鴻舒、鍾國祥等人在西環創立漢華中學的歷史，資料取材於 1999 年漢華中學廣州校友會編《情繫漢華：漢華中學廣州校友會成立十五周年文集》中有關的回憶文章而補充。

10　《漢華中學創校四十周年紀念特刊》，李鴻舒校長詩《憶創校》。

山道擴校創特色
愛國勤學旗幟鮮

為祖國而教育、
為學生而服務、
為真理而教學。

——張泉林

—— 一 ——
民政恢復　局勢動盪

1946 年 5 月 1 日，原港督楊慕琦（Mark Young）由中國東北的集中營獲釋返回倫敦述職後，重臨香港復職。歷時八個月的軍政府管治結束，香港恢復民政政府，社會經濟民生和治安亦逐步復元，1946 年底，香港人口回復到戰前的 160 萬。

戰後香港華人居民的民族情緒高漲，市面到處高掛青天白日旗，十萬中國精銳軍隊和憲兵，由深圳分批入境來到九龍塘駐紮，等候登船前往華北和東北。廣東省政府公開在香港水域緝私以及在香港登報通緝漢奸的行動，令華人居民有揚眉吐氣的感覺，[1] 也令華人居民對英國殖民統治者的特權、勢利、歧視、偏見和腐敗的不滿情緒湧流而出。[2]1945 年底發生的新界屏山徵地擴建機場事件[3] 和 1946 年 7 月的九龍城寨事件[4]，激起了當地原居民的抗爭，並上升至中英兩國關係的層面，內地的報刊出現了支援香港居民抗英，要求中國政府收回香港的輿論。此時楊慕琦得到英國政府的支持，採取措施緩和緊張的局勢，取消限制華人在山頂居住的種族歧視政策，並於 1946 年 8 月宣佈「楊慕琦計劃」，建議設立市議會，半數的議席由華人經民主選舉選出，使居民在管理他們自己的事務中承擔更多的責任，讓香港各界人士均有通過其代表積極參政的機會。[5] 這項憲政改革的目的是「令香港人建立對香港的歸屬感，從而令香港擺脫被中國政府收回的命運」。[6] 不過，當時的華人領袖普遍對「楊慕琦計劃」反應冷淡。

在中國大陸，國民黨與共產黨在美國居中調停下，商議和平共處的安排，但軍事衝突時有發生，戰雲密佈。周恩來部署在內地局勢惡化時，疏散進步力量和反對蔣介石政權的民主人士到香港暫避風頭。1946 年中，中國共產黨在香港成立分局和新華社香港分社。[7]

—— 二 ——
審時度勢　山道擴校

戰後香港人口激增，但由於資源和師資嚴重缺乏，教育的發展緩慢。根據香港教育司署的統計，1946 ／ 47 年度，全港中、小學共 587 所，學生共 99,371 人，其中私立學校學生佔 72% 強。[8] 近十萬適齡兒童失學，香港出現學校荒。[9] 大部份的私立學校是牟利的，學校「家庭化」，校長是投資者，家族成員是員工。學校設備簡陋，學生與教師的感情冷淡，

教師資歷參差不齊，月薪沒有固定標準，普遍在 120 至 150 元之間，有病缺課還要扣除工資，收入菲薄，僅足糊口。教師身心疲乏，忙於生計，成為只求兩餐的教書匠。[10]

1946 年 7 月，漢華中學第一屆小學生十餘人畢業。學校開辦時主要是小學，只有半班初一班。校董們了解到區內的教育需求甚大，也看到太白臺校舍由民居改建，房間狹窄，缺乏集會和發展文娛活動的空間，而且校舍所在地缺乏擴大規模的條件，乃決定在西環區內另覓合適的校舍，把學校擴展至中學規模。1946 年 6 月，他們找到了石塘咀山道 12 號處於鬧市的一幢商業樓宇，隔鄰是廣州酒家，附近是金陵酒家，底層是燒臘店和水果店，二樓是溜冰場，三、四、五樓是空置樓層，正在放租。樓宇前身是萬國酒店，日軍侵佔香港時被火燒剩屋架子。馮桂森有朋友認識業主，經協商，業主願意每月租金 650 元，租給我們辦學校。在當時的環境，這已經算是不錯的校舍選擇，校董會於是馬上開展擴校籌款活動。

山道校舍租約

創辦人之一彭匯雖然離港在即，但仍然不遺餘力，向經營辦館的哥哥籌得 1,500 元交予校董會。曾還老師向在香港從事建築工程的哥哥們籌得 1,500 元，合共 3,000 元，立即與業主簽訂租約，繳付了兩個月的租金，餘下的用作裝修校舍。校董和老師團隊再次發揚分秒必爭的拼搏精神，一起動手粉刷牆壁，清理環境，還得到裝修工人的幫助，很快便在三、四樓用木板分隔成十多個教室、圖書室、實驗室和教員室，另外還有可供十多名學生留宿的房間。五樓是可以容納 700 人的多功能禮堂，供學生集會和文娛活動用，禮堂的一邊還可蓋搭一個小舞台，後台是一排狹小的房間，可供單身的教師留宿。天台是露天操場。全校各種基本設備符合當時教育司署的辦學條件，通過審批，得到招生開課的許可。學費是小學每月十多元，初中每月 20 元，家境貧困的還可減半。[11] 擴建的漢華中學進行招生，總共招得小學一年級到六年級，初中一、二年級和高中一年級共九個班，學生三百多人。

同年 8 月，廣東文理學院畢業的李煥華來港加入漢華中學校董會，並出任第二任校長。

太白臺校園改為分校，仍由李鴻鋘擔任校長。開學不久，何善良、羅小蓮兩位老師亦帶來資金，充實了學校的資源。[12] 行政架構作了

第二任校長

李煥華

李煥華，1946 年大學畢業後到香港，出任漢華中學第二任校長。到任時，正值學校增設山道校舍，他參與了學校的擴建和加強學校建設的工作。

調整：校董會增加了李煥華和羅小蓮，教務主任馮桂森，訓育主任由李鴻鋘兼任，事務主任鍾國祥，分校校務主任何善良。

1947 年 7 月，小學第二屆 32 名學生畢業。太白臺分校停辦。校舍轉讓給馮光武、馮桂森。學校行政架構再作調整：董事長鍾國祥，校董李鴻鋘、李煥華、羅小蓮、彭釗。校長李煥華，教務、事務主任李鴻鋘，訓育主任鍾國祥。

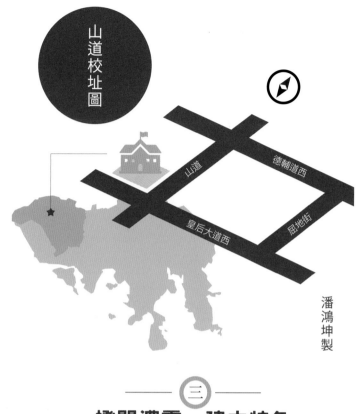

山道校址圖

山道

德輔道西

皇后大道西

屈地街

潘鴻坤製

——— 三 ———
撥開濃霧　建立特色

冷戰時代的到來

1947 年 3 月，國際局勢裂變 。3 月 12 日，美國總統杜魯門在國會發表以「遏制共產主義」作為國家政治意識形態和對外政策的國情諮文，宣稱世界已分為兩個敵對的陣營，一邊是以蘇聯為首的「極權政體」，一邊是美國為首的「自由國家」，每個國家都面臨着兩種不同生活方式的抉擇，因而美國要承擔「自由世界」守護神的使命。這個被稱為「杜魯門主

義」的宣言，把 20 世紀下半葉的世界帶進了兩大陣營劍拔弩張、意識形態尖銳博弈、各地區局部戰爭烽火不斷的冷戰時代。

國共內戰爆發

3 月 15 日，蔣介石在南京宣稱中共全面叛亂，決定終止國共政治談判達致和平相處的政策，改以「全面剿匪」軍事行動，要在三年內剷除共產黨力量。[13] 至此，國共兩黨自 1937 年全民抗日以來建立的第二次合作徹底破裂。6 月，在美國的軍事援助下，國民黨全面發動對共產黨根據地的進攻，國共內戰全面爆發。

面對國民黨與共產黨的軍事鬥爭，英國政府抱持靜觀其變的態度。香港再一次成為政治避風港，大批逃避國民黨白色恐怖的共產黨和進步民主黨派人士來港暫避。他們壯大了香港的文化、教育、新聞界的力量，開辦達德學院、南方學院、新聞學院等專上教育機構和各類的音樂、話劇、文學社團。上海、天津等大城市的一批企業家攜帶資金南移到港，帶來了紡織業和製造業的興旺。逃避戰火的難民紛紛來港。1947 年香港人口急升至二百多萬，大大加劇了房屋、教育和各方面民生的壓力。基於政局不明朗，在 11 月到港上任的葛量洪

陸民燦
董事長

陸民燦，千里達華僑，幼年回國。在求學時已參加學生抗日救亡運動和青年抗日組織，開展支援抗日游擊隊的活動，轉運軍需，掩護傷員。抗戰勝利後，來到漢華中學，面對學校經費支絀，毅然擔負起集資興學的重任，除向華僑親友募捐之外，還動員弟妹支持，幫助學校繼續營運。陸先生於 1947 年 9 月接任董事長一職，並曾先後擔任總務主任及財務主任。

1988 年 2 月，陸先生在廣州病逝。

張泉林
第三任校長

張泉林，祖籍廣東南海，曾入讀廣州知用中學及廣東省立一中（現廣州廣雅中學），畢業後到廣東清遠師範學校任教，後轉到上海大夏大學進修經濟學，1937 年，考上中山大學研究院教育研究社會學。日本侵佔廣州後，隨中山大學轉遷到廣西、雲南及粵北坪石等地。曾考察西南五省（雲南、貴州、廣西、湖南、廣東）教育。1945 年初，在惠陽沿海一帶參加東江縱隊的抗日宣傳工作。

1946 年初，張泉林畢業後到廣西桂林師範學院（後稱南寧師範學院）當教授，後出任桂林《廣西日報》新教育副刊主編及廣東旅桂同學會設立的逸仙中學校長。他教學經驗豐富，是資深教育工作者。

1947 年夏，應聘到香港擔任漢華中學第三任校長。

(Alexander Grantham) 港督擱置了「楊慕琦計劃」，專注於香港的前景 。

張泉林校長到任

1947 年初，南美洲歸僑陸民燦，借出父親給他和弟、妹到港營商的款項，支援漢華中學的發展，並擔任校董兼總務主任。9 月，接任董事長。校董包括李鴻紆、阮飛、鄭偉明、陸業新、楊一鳴。

1947 年 9 月廣西桂林師範學院資深教育家張泉林教授應聘來港，出任漢華中學第三任校長。

張校長不僅專長教育社會學，而且有着豐富的教學實踐經驗，又是一位能把理論和實踐相結合的教育家。在內地烽火漫天、烏雲滾滾的歲月中，他帶領教師員工，開展了紮實的教

一九四七年行政人員。左起：蘇秉鑑、陸民燦、張泉林、吳景星、林挺

學工作，發揮了愛國民主教育的特色，並探索學校發展的定位和方向。他上任後，首先建立了學校的領導班子，包括校董陸民燦、教務主任蘇秉鑑、訓育主任林挺和事務主任吳景星。9月新學年開始時，學校增開初中三和高中二年級，全校學生人數增至四百多人。從此，漢華中學就以中小學一條龍的風貌和辦學風格，屹立在西環山道的鬧市中。

在他的帶領下，漢華中學辦得充滿活力，學生人數在 1947 年至 1949 年間由三百餘人增至七百多人，在社會上有良好聲譽。當時，在區內一所小學任教的李慧成（月波）及陳念祖老師，被漢華的辦學理念吸引，動員了一百二十多名學生轉到漢華就讀，其中家境困難的，得到減免學費。同時，亦吸引了一些學生從條件優越的名校轉來。

在這一年，漢華中學還把五樓騰出來，讓華南救濟總會、中原劇藝社、木偶劇團寄居使用，又在晚上為中國新聞學院提供課室。[14]

敬業的教師團隊

漢華中學教師團隊，是由來自廣州中山大學、廣西高等院校的精英，還有來自廣州、東莞等各地名校的老師所組成。他們都有振興中華民族的堅強信念、紮實的學問基礎和豐富的人生歷練，特別是經歷過抗日戰爭的洗禮，鍛煉出一種積極樂觀的精神——朝氣蓬勃、不怕困難、不計名利、無私奉獻、團結互愛。他們熱情奔放地投入教育事業，課堂講課生動活潑，對編排不當的教科書加以調整補充，自製簡單的教具，或透過遊戲和唱遊等活動，針對學生的特點和能力而施教，令學生的學習興趣和能力得以快速提升。教師團隊敬業樂業的精神，鼓舞和感染着學生。

老師們不怕艱苦，他們每月平均只有 150 元的工資，雖然很多時候學校因週轉困難還要八折支薪，但他們毫不計較，樂意接受。炎夏晚上，留宿的十多位教師打開被鋪睡在禮堂的乒乓球枱上，天亮才收拾回房間；部份男教師分配不到房間，每晚就只能在課室睡在體育墊子上，想着窮人露宿街頭時便覺知足，睡得香，第二天又精神奕奕上課去。[15] 校舍四樓只有半截牆，沒有窗門，四面通風，夏天下雨時老師要親自動手抹乾地面的雨水；冬天冷風颳得呼呼作響，老師和同學還要冒着嚴寒上課。教師的生活雖然艱苦，卻團結活潑，他們晚上暢談時事、唱歌、跳舞，週末還組織集體活動，或到西環海傍的鐘聲游泳場游泳，或到柴灣、長洲、新界郊遊。教師碰上生活困難，同事間慷慨解囊襄助。陳芝老師因胃出血入住瑪麗醫

校名	中文	香港私立漢華中學校	校址	中文	香港西環山道十二號	校董人數	三
	英文	Hon Wah Middle School		英文	No. 12 Hill Road, West Point Hong Kong		

成立年月及沿革： 本校創立於民國廿七年，當時校董陸藎臣先生及校長鐵城梁新會先生擁護，初具規模，迨至香港淪陷，本校亦因停辦。香港重光後，本校董會念合群力謀復校之必要，乃於民國三十五年一月，重新改組校董會，二月復校籌備於西環太白台，六月間設立林泉分班於山道十二號。卅六年七月，將兩家班統一招生，八月校董會改推陸民燦先生為董事長，復聘林泉先生為校長，積極整頓校務，以期恢復青華時之盛。

董事長	姓名	別字	性別	年齡	籍貫	履歷	到職年月	校長	姓名	別字	性別	年齡	籍貫	經歷	到職年月
	陸民燦		男		廣東中山		民國三十六年八月一日		張泉林		男	卅七	廣東南海	國立中山大學講師 國立桂林師範學院教授 特聘前廣州執信中學校長	民國三十六年八月十七日

教職員	男 19 人	女 1 人	專任 14 人	兼任 1 人	大專以上 12 人	高中 2 人	初中 1 人	其他 0 人	檢定合格 15 人

學生	別別	普通鄉	全左	全左	全左	全右
	級別	高中一年級	初中二年級	初中三年級	高中一年級	高中二年級
人數	男	15	22	9	9	4
	女	5	5	3	1	2
	合計	20	27	12	10	6
	每年各級學費數	120元(港幣)	120元	120元	150元	150元

校產或基金	基金	校產估值	元		全年經費	本年入學金額	學生繳費及募捐每學期約	元
		基金	元			本年支出金額	每學期支出共	元

接受政府補助	地方政府	僑團	曾否登記	曾在香港教育司署註冊	曾否受津貼	無	其他	無

將來計劃：

科別班級	下年度擬添普通科高中三年級一班，俾使完成一完全中學，並擬在晚上增辦夜校，專門為普通居民或失學習補習教育之用。
其他	如本學校禮堂宿舍待遇以便長期服務，其餘設備擬募捐及逐漸增置。

年級 科目每週時數	公民	國文	英文	數學	歷史	地理	化學	物理	生物	動物	植物	童軍衛生	圖畫	勞作	體育	音樂
初中一年級	1	7	6	2	2				上		2		2	2	2	
初中二年級	1	7	6	2	2	3					1	2	2	2	2	
初中三年級	1	7	6	5	2							2	2	2	2	
高中一年級	1	6	5	4	2			4					2	2	2	
高中二年級	1	7	6	5			4							2	2	

每年各教學期及寒暑假起訖日期	每年分兩學期，寒期書院日期均遵照教育會。上學期由八月一日起至翌年一月底止，下學期由二月一日起至七月止。	每日上課時數	每日上課六小時，晚上舉行二小時。

校舍及設備	禮堂 1 座 容 1000 人	圖書館 1 座 容 150 人	廚房 1 間	塔室 2 間	圖書 4000 冊	體育器械 4 件 球類 12 件	運動場 1
	教室 6 間	宿舍 1 間 容	廁所 100 人	行李室 一間	物理儀器 20 件	衛生藥品 10 件	圖書 1
	辦公室 6 間	醫藥室 容 15 人	廁所 10 間	貯藏室 1 間	化學儀器 100 件	樂器 3 件	工場 1
	辦公室 1 間	學生宿舍 容 30 人	盥洗室 1 間	娛樂室及休息室	生物儀器 10 件	其他	其他

院期間，其他老師、工友和學生弄好稀飯，輪流帶到醫院探訪。[16] 到了冬天，老師們都把自己的衣服拿出來互相交換或送贈。[17] 就連面對港英教育當局規定老師上課穿西裝、皮鞋的刁難，老師們也是一件西裝輪流穿，幾套西裝調換穿，大家勒緊肚皮，省下錢來買皮鞋、領帶等。鄭文、盧伯、帶姐等六位工友不拿工資，只靠經營學校小賣部賺取微薄的利潤來維持個人基本的生活，他們子女在學校就讀，把老師看成親人，每天全心全意地變換花樣，做營養豐富、味道可口而價錢便宜的菜式來供應老師伙食。[18] 有老師返回內地工作，歡送時大家會送上自己的手錶、鋼筆、雨衣、行李包等紀念品。這種團結友愛、同甘共苦、有困難大家一起來解決的精神，自太白臺立校時已經建立起來，並一直發揚承傳。

「老師們，把冬天衣服通通拿出來。」林挺主任話音剛落，不到一會兒，那間僅有幾十平方米小禮堂的長桌上，擺滿了老師們拿出來的各式各樣「冬衣」。「老蔡，你沒有西裝嗎？」緊接着又說：「這套是你的，看合不合身？」林主任說完，就在那堆「冬裝」中，取出一套褐白間點的西裝遞給我，我往身上一套，正合身，究竟是李鴻舒的，是葉以恕的抑或是張中老師的？誰也不肯說。「反正，現在穿在你身上，就是你的了。」從此，在香港地，我也算是有套西裝了。也是我有生以來的第一套西裝。這是 1948 年入冬的事。最後，大家都高高興興的散去。

漢華中學老師這樣清貧，學生們也大都是工人和低薪職員們的孩子，他們學習用功，勞動觀點強。比如，他們可以光着腳丫，和老師們一起，用灰水粉刷牆壁，這在香港的中學生中，還是較為罕見的。西營盤窮孩子多，師生感情很融洽，老師們都喜歡在這裏任教，至於薪水多少，對他們來說，倒不是最重要的。一次，林主任在會上說：「目前，學校經濟比較困難，想給老師們發八折薪水，不知老師們有甚麼意見？」「沒意見。」全體老師回答得這麼迅速、爽快、利索。學校經濟有困難，我們都理解，我們都是學校的一個成員，有甚麼困難，大家一起來解決。像開頭那種「換冬衣」的事，漢華的老師們是司空見慣了的。一向以來，每當換季，都有這種場面出現。

——蔡余文，〈我的第一套西裝〉，
《情繫漢華》，頁 40

緊密的師生關係

漢華中學的師生關係親密無間，老師對學生平等相待，循循善誘，就像對待自己的小弟妹一樣，學生對老師也是發自內心的尊重和敬愛。同學之間親如手足。漢華中學當時的學生，有十多個來自南洋、內地和香港新界的寄宿生，[19] 其他大部份是西環區勞苦大眾家庭的孩子，其中很多是一家幾兄弟姐妹一同入讀的。同學之間儘管是來自四面八方、不同階層，但大家都坦誠相待，互助互愛，絲毫沒有當時社會那種欺貧凌弱的風氣。當有同學遇到家境困難要退學時，同學們會湊錢幫助交學費，學校儘管經濟收益甚微，也會批准免交學費讓同學繼續唸下去。[20]

漢華的學生，很多是受戰爭影響延誤上學的超齡兒童，他們大部份來自區內貧窮的家庭，很懂事和有獨立生活能力，所以非常珍惜學習機會。學校內勤奮學習的氣氛很濃厚，課室秩序良好，自學時間只會聽到做作業時沙沙響的寫字聲。學校佈置甚麼工作，同學都積極響應，努力完成任務。晚上，有些學生會返回學校找留宿的老師談學習、談生活、談理想，甚至幫助老師洗衣服，彼此建立了如親人般的信任。在週末，一些學生會主動回到學校，光着腳與老師一起打掃校園。在假日，老師也會組織學生到公園玩耍。[21]

1947 年下半年，漢華中學碰到經濟困難，師生發起了愛校運動。全校師生熱情如火，為校舍掃灰水，把學校粉刷一新；各班組織義賣募捐活動，同學有的義賣白粥油條，有的在街頭為人擦鞋。有家長也捐贈金錢和首飾以作支持。

> 1947 年 4、5 月間，我來到香港。由阮克明先生介紹我去漢華中學教書。安排我當小學四年級甲班的班主任。
>
> 來到漢華，人地生疏，是漢華的老師和同學的深厚友誼幫助我把書教好。我開始搬回學校宿舍住宿。記得這時小學女老師的宿舍只有我一人。晚飯後，班裏有的女同學常來我宿舍看我，談生活、談學習、談班內的情況。當我在洗衣服時她們也幫我洗衣，勝似親人，互相從了解、關心到信任。使我很快熟悉了班裏的情況。同學們勤奮學習的氣氛很濃厚，課室秩序良好，自習時間只聽到沙沙的寫字聲，老師在不在場一個樣。學校有甚麼佈置，積極響應，努力完成任務。記得有一次佈置捐款，同學踴躍認捐，情緒一浪高一浪超額完成任務。本來有些同學家庭經濟不很富裕，這種愛國愛校的精神，使我十分感動。

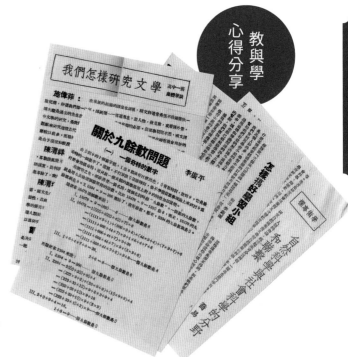

1948 年我經常胃痛，校董陸民燦很關心我，介紹我去瑪麗醫院留醫，其他老師多次來看我，李光中老師向醫生了解病情後，告訴我是胃出血，需要好好治療。班裏一些同學也帶着食品來看望我。出院後，不能吃集體飯菜，學校的女工友經常為我另煮稀飯。由於胃潰瘍病得不到好轉，1949 年春，經林挺主任安排，我回內地療養一段時間。宿舍內幾位女老師都知道我回內地療養的事，但我未曾來得及告訴班裏的同學。回內地的那天早上到火車站後，好幾位女同學提着餅乾糖果，匆匆趕到火車站來送行，說我不應該不告訴他們，當時大家心情都很激動，師生之情，依依不捨。

我欽敬有學識、有堅強信念、教學認真的漢華老師們，我以曾是漢華的老師感到光榮。

——陳芝，
〈漢華生活片段——師生魚水情〉，
《情繫漢華》，頁 34

自編課程　因材施教

漢華中學的老師着力鑽研備課，都會對教科書的缺點和不足進行剪裁，並自編補充教材。例如在語文課程中編配一套「文學史略」，在歷史課中講授現代中國革命史。同時對學生因材施教，高年級的課程着重提示、觀察、討論、研究；低年級的課程着重明白、掌握和應用，課堂筆記簡明，易於理解和記憶。[22]

由於學生程度參差不齊，學校把每班不同能力的學生混合編成小組，每組五至十人，讓每位學生在自學的基礎上進行小組學習。這些小組由能力較高的學生擔任組長，每天下課後輔導其他組員完成作業和溫習。每一組既是學習小組，又是生活和活動小組。這種小組形式，發揚了互相幫扶的集體精神。[23]

勵志品德教育

從 1947 年 9 月新學年開始，下午放學後舉辦由不同老師主講的各種青年講座，講題包括「如何建立正確人生觀」、「社會科學知識」、「談青年修養」、「大眾哲學」等，讓學生自由參加。學校還推廣課外閱讀活動，鼓勵學生閱讀青年修養書籍和欣賞文藝作品。有好的電影如《居里夫人》、《山村女教師》、《萬家燈火》等，老師和學生一道去看，一同談論劇情，交流感想。[24]

1947 年秋，學校成立合唱團，先後由陳大德、葉魯和蔡余文老師指導，團員有 60 至 70 人，練唱了《黃河大合唱》、《新年大合唱》、《春天組曲》、《月兒彎彎照九州》、《嘉陵江上》、《伏爾加船夫曲》等名曲。[25]

年底，內地掀起了「反飢餓、反內戰」的學生運動，漢華中學學生發起了募捐，支持愛國學生運動。十多位寄宿生省吃儉用，每天啃麵包，飲白開水，把伙食費省下來作奉獻。進步民主人士李公樸、聞一多被國民黨特務暗殺後，高中的學生到外校參加他們的悼念會。[26]

學校與家長合作

學校重視與家長建立密切的關係，經常舉辦分班的家長會。老師也經常進行家訪，了解學生的家庭狀況，並與家長建立密切的家校聯繫，使學校的教學和教導工作事半功倍。[27]

> 要升初中三年級了，能否繼續讀下去呢？ 因我媽媽思想守舊，認為女孩子不用讀那麼多書，識幾個字就可以了。班主任馮德明老師利用晚上休息時間來家訪，他一進屋，就被我母親大罵一頓，但馮老師還是耐心地跟我母親解釋。經過馮老師家訪後，我又能繼續讀書了。
>
> ——鄧玉貞，〈願作園丁卅七年〉，
> 《情繫漢華》，頁 128

──── 四 ────
明確方向　等待黎明

社會充滿張力

1948 年，國共內戰的形勢逆轉，共產黨反守為攻，取得在東北戰場的勝利，國民黨節節敗退，並加緊在其統治區內對反對黨、進步人士的壓迫，殘酷捕殺共產黨人，掀起腥風血雨。

香港的局勢也是張力滿佈。逃避內戰戰火的難民湧入香港，對社會民生帶來極大的壓

力。香港到處都是露宿街頭或在山邊蓋搭木屋的家庭。內地來港的資本家和技術員，促進了本地紡織、樹膠和五金工業的發展，但工作崗位供不應求，人浮於事，失業者眾多，而惡劣的工作環境和強壓工資，又促使勞資糾紛連綿不絕。

1948 年初，上任不久的葛量洪港督下令九龍城內居民遷出，派軍警強行拆除民房，觸發了一場暴力衝突，引發外交風波。國民黨在廣州發起 4 萬人集會遊行，示威群眾衝入沙面，放火焚燒英國領事館和破壞英商的物業。英國朝野認定中國一定會收回香港。從 3 月開始，港英政府從馬來西亞調來喝喀兵團增防，擴大警隊，進行海陸空防暴演習，又修改法例，讓警員可以隨時拘捕「破壞分子」，沒收其財產。

1948 年 5 月，中共號召成立「新政治協商會議」，籌組「民主聯合政府」。留港的民主人士分批乘船返回內地解放區參加會議。1948 年底，國民黨軍隊在遼瀋、淮海戰役中潰敗，東北地區解放。駐華英國外交官預見國民黨政權將會被共產黨取代，乃鼓勵香港的英商與華北解放區進行直接貿易，建立實際的關係，並借此打聽共產黨對香港問題的態度。12 月，中共透過新華社香港分社，透露不打算立即收回香港的訊息。英國立即作出「保留立足點」（Keep a foot in the door）的決策，千方百計要「在這個全世界最大的潛在市場站住腳」，但同時也擔心中共的勝利會刺激民族主義和反殖民的情緒，特別是對馬來西亞和東南亞的影響。[28]

確立愛國教育方向

在這時局風雨飄搖、人心浮動的一年，張泉林校長以他的專業睿智和堅定不移的立場，帶領漢華穩步發展。1948 年 1 月，他創辦了《漢華叢刊》，在創刊號中為漢華中學總結創校兩年來的經驗，確立「為祖國而教育、為學生而服務、為真理而教學」的三大方向。

為祖國而教育：「要以最大的熱忱朝向祖國的現實，以加深我們的認識；同時，也應該使學生加深對祖國的認識，好為祖國自由而貢獻一切」；

為學生而服務：「學生是主人，我們只是一個教育上的公僕。因之，必須

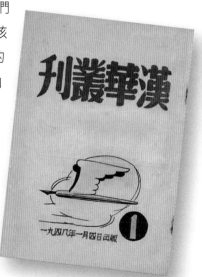

全心全意去為學生服務……必須尊重學生，對學生的健康、生活以及功課等項，必得細心的觀察指導，而每一個教師更應多和學生商量，了解更多學生的意見，讓他們在整個教學過程中了解學習的意義和做法，鼓舞他們對學習的熱情」；

為真理而教學：「知識有真偽之分，真知識能夠幫助我們去了解生活和怎樣去生活……教師固然應以真知識為指導的前提，學生也應以真知識為學習的標準。師生同時向着真理而教學，那是教育能夠發揮作用的最大保證」。[29]

張校長還要求全體教師不要做教書不育人的「文化買辦」，也不要有開學店，做經理賣分數的意識。[30]

教導處也總結出以「搞通功課」為根本的教導方針：（一）充實教學內容，加強學生認識；（二）改進教學方法，發揮集體研究精神；（三）課內與課外的配合；（四）發揚自覺自治的精神；（五）與家庭配合去管教。在這五個方針下，列舉了六條具體經驗，讓教師落實執行。[31]

感化改造後進學生

由於學生來自社會的低下層，生活在西環黃、賭、毒、黑氾濫的環境下，少數學生曾經是街童、童工或被其他學校開除，沾染了說粗言穢語、吸煙、打架、偷竊、結黨等不良行為習慣，也有自卑、說謊、畏縮、任性、仇恨等心理弱點，對學校的紀律和管理帶來了困難。但漢華中學的處理方法並不是對他們嚴加打壓或把他們趕走，而是認為教育的目的是在改造，使人由壞變好，要看到他們是受壓迫的群體，表面上雖然有不良的行為表現，但個性特點裏也有熱情、正義感、意志堅強、勇敢直爽、求知心切、重視友愛親情等優點，是可以通過恰當方法改造的。因此，學校大膽嘗試一套面向後進學生的訓育輔導方法：為學生創造合理的課餘生活環境補救他們不良的家庭環境；以充實的課餘生活代替他們的街頭生活；以師生同學間的友愛填補他們所缺少的家庭溫暖；以師生同學間純真的正義感情取代他們在街頭結拜兄弟的流氓性的「義氣」；幫助他們認識自己的生活、自己的痛苦來源，思考自己的未來，調動他們的自覺性；在集體活動和生活中幫助他們建立紀律，在特定的時機內，例如比賽，協作活動，檢查他們的表現和進步。由於學校堅持這一套把頑劣學生教好的訓輔結合方法，因此絕大部份的後進生都有所改變，成為上進的學生。[32]

香港西區學生的質素及其訓育方法的探討　　林挺

一、特點　一方面是頑強結實，一方面是保守自卑，一方面是野蠻，一方面是勇敢爽直，一方面是野蠻，無賴與流氓。

誰在香港西區營繫、石塘咀、屈地城一帶給過路的人，殺牲特殊的印象。

個別學生來說，不論大小，一方面是剛毅比比他地區的學生來得「霸氣」、「散漫」、「流氓」、「野」。地區的學生來得「保守」、「自卑」、「膽怯」。

二、原因：不同的社會環境與出身的社會階層，決定了不同的學生素質

西區學生為什麼會選樣的特性呢？很明顯的，不同的社會環境和不同的出身社會階層自然產生不同素質的學生，西區學生的特點，便是西區社會環境的具體反映，反映在個別的學生身上。

林挺老師的教育調查

蓬勃的課外活動

各類文娛康樂活動。中學生每天早上在班主任的帶領下，討論《華商報》上發表的針砭時弊的短文和社會大事；學校在課餘時間倡導讀書看報，讓學生閱讀魯迅、巴金、聞一多、陶行知、鄒韜奮等進步名人的作品，引導學生選擇正確的人生道路。[33] 學校還不時邀請社會上的進步人士、記者，向同學介紹國內的形勢發展和世界時事，啟發他們對國家和社會的關注；教學以課堂為主，但又與社會緊密聯繫，通過深入生活，接觸社會，鍛煉和提高同學們的能力。

學校進行行政體制改革，教學和訓導結合，成立教導處，把學科教學和課外活動統一起來，為發揮師生集體力量創造條件。漢華中學的校舍和設備簡單樸素，資源匱乏，比不上當時的官立和教會津貼學校，但課外活動卻特別蓬勃。學生組織了學生自治會、學社、班會、合唱團、話劇組、舞蹈組、壁報組、板報組等。班級間各類班際球類、歌唱比賽進行得熱火朝天。這在當時的香港學校並不普遍。每天放學後，大部份同學留在學校，完成作業後就參加

　　1948年1月，舉行上學期散學禮，學生在禮堂演出歌劇《懸崖之戀》。2月新學期開始時，學校增至14班四百餘人。4月4日兒童節，在禮堂演出兒童歌舞劇《幸運魚》，招待家長和來賓一千餘人。5月開展「愛校運動」，籌募圖書、儀器和助學金，正式建立助學制度。7月，舉行畢業禮，初中第一屆畢業生二十多人，小學第三屆畢業生四十多人。

　　1948年9月新學期開課，全校小一至高中三年級學生增至五百餘人，學校工作進一步規劃化，建立校內各種常規制度，舉行第一次家長招待會，家長們熱烈參加。

校歌創作

1948 年 12 月，張泉林校長邀請詩詞作家靜聞（鍾敬文）創作一首深具時代意義的校歌，並由音樂家謝功成譜曲：

> 扯旗山高聳，
> 香江水汪洋。
> 我們是中國青年，
> 今天，在這兒石磨呀火煉。
> 要健強體魄、
> 要發展智能、
> 要堅定意向，
> 給祖國撥開濃霧，
> 給民族帶來春天！
> 記着：這是我們的責任，
> 這是漢華的榮光！

這首校歌，代表了漢華中學開拓者的愛國情懷和理想，它表明：香港的山山水水是中國的領土，香港的同胞是中國人，學校的教育要使學生在德、智、體各方面得到發展，漢華中學的歷史使命是要為國家的富強、為民族的復興培養人才。[34]

───── 五 ─────
高舉紅旗　迎接春天

1949 年是中國天翻地覆慨而慷的一年，國民黨在內戰中全面敗退；4 月 23 日，人民解放軍橫渡長江，勢如破竹地解放南京、杭州、武漢、上海等地，蔣介石下野，國民政府部署遷往台灣。6 月，中共在北平籌備「新政治協商會議」，意味着一個由共產黨領導的新中國即將誕生。

香港社會民生亦因人口激增而惡化，特別是英鎊貶值，令物價暴升，通貨膨脹率高達 20%，政府宣佈凍結物價，且推出廉價的舊米碎米來解決民困。教育發展更是供不應求，估計有 10 萬適齡學童失學。

1949 年下半年，香港工聯會屬下的十多個工會要求按物價指數調整工資，港督葛量洪憑着他 1925 年在香港經歷省港大罷工的體驗，認為愛國進步力量會「奮力使到殖民地的人民懷有愛國心，因而形成了反英的情緒」，於是立法推出一系列措施，防範民族主義在華人社會的爆發，重點是針對共產黨影響力的擴大。[35] 這批緊急法令包括《人民入境統制條例》、《社團登記條例》（重新登記社團）、《人口登記條例》（身份證）、《違法罷工與解僱條例》及《驅逐不良份子出境條例》等，目的是加強對香港內部的控制。針對文化教育領域的進步力量，港英政府強行封閉來港民主人士創辦的達德學院，吊銷 38 個進步團體的註冊，下令解散 12 所勞工子弟學校，經過勞校的護校運動，結果解散了 7 所。

迎接新中國誕生

1949 年，漢華中學堅定地發展，迎接新中國的誕生。2 月新學期開始，學生增至 17 班六百餘人。當時香港雲集了大批全國知名的文藝界人士，張泉林校長因勢利導，開展「新歌舞運動」，聘請中原劇藝社和中國歌舞劇藝社的蔡余文、倪路和張中三位藝術家擔任導師，然後在全校挑選了近百位有音樂、舞蹈和歌唱特長的師生員工，進行基本功訓練，準備大型的歌舞演出。

3 月，漢華中學的舞蹈隊參加在上環中央戲院舉行的各界慶祝三八婦女節大會，演出舞劇《魔王與奴隸》。

4 月 4 日，學校慶祝兒童節，一連三晚在學校禮堂舉行晚會，並演出舞劇《頑童改造記》，舞劇反映的是習性不良的青少年如何在老師的引導下，從頑皮散漫到不斷改變和進步，體現了學校的德育方針，受到二千多名家

長和來賓的讚賞。

4月23日，香港文化界、文藝界的愛國民主人士在學校附近的金陵酒家聚會慶祝解放南京，漢華中學的同學參與表演，節目有「黃河大合唱」、舞劇《魔王與奴隸》。

5月12日至14日，學校在銅鑼灣孔聖堂舉行一連三晚的懇親晚會，由學生演出歌舞劇《新路》，通過三個青年典型人物形象反映當時追求真理的道路，來賓和家長約二千人，三天的演出在香港轟動一時，被媒體稱讚為成功的新歌舞劇。《香港學生》的編者，對《新路》高度評價：「我們驚異這富有創造性的四幕十場舞劇，全由同學自己演出，這是香港罕見的奇蹟。」參加演出的師生，人人精神振奮，等到演出結束打掃完舞台之後，已經是深夜11時多，電車已經停駛，大家就步行回校，但仍舊意猶未盡。[36]

7月，舉行畢業禮，初中第二屆畢業生88人，小學畢業生55人。

9月，新學期開始，學生人數增至720人，全校由小學一年級到高中三年級共18班，成為完整的「中小學一條龍」學校。

10月1日，毛澤東主席在天安門城樓宣佈中華人民共和國成立，全校師生在學校舉行了隆重的升旗儀式，第一次穿起了白恤衫藍斜褲的校服。師生馬上動員起來，自編、自導、自演，排演活報劇《五星紅旗升起來了》，而舞蹈組則趕排了大型舞蹈《中國人民大團結》，在10月14日廣州解放後，一連三晚在學校禮堂表演慶祝。合唱團演唱了《東方紅》，和歌劇《白毛女》主題曲《太陽出來了》等革命歌曲，接着應邀到金陵酒家、上環中央戲院、灣仔六國飯店、旺角勞工子弟學校等地方參加港九各界舉行的國慶聯歡會演出，總共11場。演出過程中，同學不怕疲勞，盡自己的一份力量去宣傳新中國的成立。[37]

自編自導自演
的新歌舞劇

11 月 26 日至 27 日，香港各界勞軍賣物會在漢華中學舉行，兩天的來賓近兩萬人，整個西環區熱鬧非常，共籌得港幣四萬多元，成績超卓。年底，校長和教師代表參加「港九同胞回國觀光團」到廣州觀光。[38]

投身建設　報效祖國

1949 年底，張泉林校長返回廣州工作。鍾國祥、曾還等開校元老也返回內地參加新政府的各項建設工作。1947 年至 1949 年間，部份教職員工和十多位高中學生，回內地參加解放戰爭和建設工作，實現為祖國、為民族的崇高理想。

1945 年 12 月至 1949 年 9 月
曾在校工作的教職員工名單

尹沛鈴	文緝熙（文軍）		方　瑛
方樹勳	江蘭侶	何善良	余經合
吳郁友	吳景星	吳賢伯	李天真
李戈倫	李　伊	李光中	李作述
李　冷	李　門	李雨民	李煥華
李　瑛	李誦謙	李廣平	
李慧成（李月波）		李鴻舒	阮克明
林　立	林　洛	林　挺	林　清

林韻笙	金　揚	施偉文	柯　蘆
倪　路	唐強（唐紹洵）		孫　積
容海雲	徐梓材	馬德里	區啟文
區鼎芳	張　中	張志達	張泉林
張雪馨	張幗英	張維靜	張慶昌
梁淑芳	梁澤智	許　華	陳大德
陳念祖（陳思）		陳芝（陳美芝）	
陳　茵	陳遐瑨	陳鳳鳴	陸民燦
陸蓮珍	喬　易	彭匯（彭會）	
曾　遷	曾　還	馮桂森	
黃（王）懷勳		黃小敏	黃立仁
黃志民	黃建人	黃建立	黃柏安
黃　薇	楊　眉	葉以恕	
葉翼如（葉魯）		鄔靜儀	劉　帶
歐　英	歐　樞	歐　燕	潘潔馨
蔡余文	諸兆庚	鄧統元	鄭　文
鄭亦民	鄭兆瓊	鄭秀珠	黎文棟
黎炳炎	盧　伯	盧　特	賴至茂
鍾國祥	鍾嫦英	簡　潔	羅一羽
羅湘林	蘇　克	蘇秉鑑	

（按姓氏筆劃排序）

各界勞軍賣物會在本校舉行

一九四九年十月一日慶祝大會的熱鬧場面

師生合演大型舞蹈《中國人民大團結》

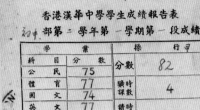

香港漢華中學學生成績報告表

初中 部第 二 學年第 一 學期第 一 段成績

科　目	分　數	操　行	甲
公　民	75	分數	82
體　育	77	曠課時數	4
國　文	74	請假時數	
英　文	77		
數　學	88		
物　理		獎	
化　學	90		
生　物			
動　物			
植　生		懲	
生理衞生	96		
歷　史	94		
地　理	75		
勞　作		獎分	
音　樂	85	扣分	
圖　畫	72		
		實分	
合　計	903		
平　均	82.1	等級	
名次	四（全級 35 人）		
備　考			

第一枚校徽
（一九四六年）

漢華70

漢華中學

學生家庭通訊冊

學號
班級　初中二
姓名　任士雄

民國三十 年度　學期用

逕啟者　貴子弟任仕雄 本學期第一段業（自八月十六日至十月五日）各項成績業經核定表列於後至希

詳察此致

貴家長

校長　張泉林

中華民國三十七年十月九日

香港漢華中學學生繳費收據

初中三年級　○班學生任春瑞

茲收到

繳來十一月分畳泉港幣戌拾○元正此據

經收人

校長

三十七年十一月2日

54

結　語

在漢華中學的開拓者相繼離開後，學校第四任校長由在香港土生土長的教務主任黃建立出任，他聯同李鴻銌、陸民燦等開校元老和教師，傳承漢華精神，並發揚光大。從此，在香港教育發展史中，漢華既是學校的名稱，也是愛國民主教育、團結互助、勤勞樸實、奮發有為、愛國愛港精神凝聚而成的一面鮮明的旗幟。

1　孫揚：《無果而終》，北京：社會科學文獻出版社，2014 年，頁 278 － 279。

2　1946 年 2 月，一位在香港出生的葡英混血僑民布拉加（John Braga），向英國外交大臣呈交一份名為《中國人的反英情緒》的備忘錄，反映英國人在香港對華人的種族偏見、歧視和粗暴行為，引致華人普遍對英國人懷有敵意情緒，並提議改善措施。這份備忘錄引起關注，英國政府督促港督楊慕琦落實。引自孫揚：《無果而終》，頁 151 － 153。

3　1945 年 10 月，香港軍政府決定在新界屏山地區建設新機場，向當地居民發出徵地及遷徙令，影響四萬多村民的生計。11 月屏山民眾代表前往廣州謁見廣東省主席，請求直接與香港政府交涉。事件升級成為中英外交風波。引自孫揚：《無果而終》，頁 180 － 190。

4　1946 年 7 月，廣東省寶安縣縣長向廣東省政府要求恢復在九龍城的管治，並派員到九龍城視察，引起香港政府抗議。中國外交部回應表示中方隨時準備恢復在九龍城設治，全國輿論升級，呼籲收回香港。引自孫揚：《無果而終》，頁 190 － 196。

5　張連興：《香港二十八總督》，香港：三聯書店，2012 年，頁 289 － 291。

6　引自曾銳生：〈楊慕琦計劃夭折內情〉，《廣角鏡》，104 期，1984 年。

7　劉智鵬：《香港達德學院》，香港：中華書局，2011 年，頁 3。

8　《香港教育司署教育年報》，1948 年（英文版）。

9　《星島日報》，1947 年 6 月 27 日。

10　《星島日報》，1949 年 2 月 17 日。

11　鄧玉貞：〈願作園丁 37 年〉，《情繫漢華》，1999 年，頁 128。

12　曾遷：〈默默的耕耘〉，《情繫漢華》，1999 年，頁 19。

13　中國國民黨第六屆中央執行委員會第三次全體會議。

14　鍾國祥：〈欣慰的回憶〉，《情繫漢華》，1999 年，頁 13。

15　林清：〈漢華精神永不倒〉，《情繫漢華》，1999 年，頁 51。

16　陳芝：〈漢華生活片段〉，《情繫漢華》，1999 年，頁 35。

17　蔡余文：〈我的第一套西裝〉，《情繫漢華》，1999 年，頁 40 － 41。

18　鄭文：〈梅花香自苦寒來〉，《情繫漢華》，1999 年，頁 47。

19　羅發：〈難忘的母校〉，《情繫漢華》，1999 年，頁 81。

20　姚仍洲：〈雜感〉，《情繫漢華》，1999 年，頁 73。

21　葉志緯：〈漢華是愛國教育的園圃〉，《情繫漢華》，1999 年，頁 143。

22　蘇秉鑑：〈本學期教導工作概況〉，《漢華叢刊創刊號》，1948 年 1 月，頁 5 － 6。

23　同上。

24 李漢成：〈難忘在漢華的日子〉,《情繫漢華續集》,
    2004 年,頁 123。

25 李景池：〈建國前後的漢華合唱團〉,《情繫漢華》,
    1999 年,頁 157。

26 姚仍洲：〈雜感〉,《情繫漢華》,1999 年,頁
    78。

27 張泉林：〈我在香港漢華的日子裏〉,《情繫漢華》,
    1999 年,頁 5。

28 孫揚：《無果而終》,頁 278 - 279。

29 張泉林：〈我們努力的方向〉,《漢華叢刊創刊號》,
    1948 年 1 月,頁 3。

30 同上。

31 蘇秉鑑：〈本學期教導工作概況〉,《漢華叢刊創刊
    號》,1948 年 1 月,頁 5 - 6。

32 林挺：〈香港西區學生的質素及其訓育方法的探討〉,
    《漢華叢刊創刊號》,1948 年,頁 8 - 16。

33 張尚彬：〈漢華給了我一把金斧頭〉,《情繫漢華》,
    1999 年,頁 88。

34 李作述：〈香港漢華中學建校路向及其他〉,《情繫
    漢華續集》,2004 年,頁 9。

35 葛量洪曾於 1922 年至 1935 年在香港當官學生,學
    習中文和在不同部門見習,親眼目睹香港在省港大罷
    工的境況。他認為香港在 1949 年會面對來自共產黨
    挑起的民族主義反英運動和大量難民湧入的威脅。

36 鍾贊祥：〈路是這樣走過來的〉,《情繫漢華》,
    1999 年,頁 65。

37 同上。

38 周奕：《香港工運史簡篇》,香港：利訊出版社,
    2013 年,頁 123。

承擔使命育人才
迎難發展穩根基

為港九同胞服務、

為祖國培養人才,

把教育工作和祖國與社會的需要結合起來,

使同學能學以致用。

——黃建立

─── 一 ───

承擔使命　奮力護校

1949 年 10 月 1 日，中華人民共和國誕生。10 月 14 日，廣州解放。19 日，南下的野戰軍在深圳解放後停止前進。新中國的領導層應對美國帶頭的反華圍堵，作出了「長期準備、充分利用」的戰略決策，維持香港在英國管治下的現況不變，使它作為冷戰格局下新中國與世界溝通和交往的「反圍堵前沿陣地」、「天文台」和「交際處」。[1]1950 年 6 月，朝鮮半島戰爭爆發，美國對中國實施封鎖禁運，香港成為錯綜複雜的政治博弈場所。一方面，美國不惜投入大量財力物力，配合國民黨在香港的力量，力圖把香港變為反共反華的橋頭堡。另一方面，英國雖然是美國的盟友，但為了保持在遠東的巨大利益，在冷戰陣營中卻成為第一個承認新中國政府的西方國家。不過，英國在維持中英外交關係友好的同時，時以高壓手段限制和打擊香港愛國力量的發展。

在尖銳的鬥爭風浪中，漢華的前輩信念堅定，衝破壓制，愛國愛港，培養人才，支援國家建設。

繼往開來

1947 年至 1949 年底，鍾國祥董事長、李煥華校長、張泉林校長和大部份戰後來港的教師，相繼返回內地參加建設。陸民燦出任董事長，黃建立接任校長。他們與新聘任的教師組成新的團隊，努力承傳漢華中學的辦學理念。學校抱持「為港九同胞服務、為祖國培養人才」的宗旨，「把教育工作和祖國與社會的需要結合起來，使同學能夠學以致用」。[2]在 1949 ／ 50 學年，學校大力推行「四好運動（好教師、好學生、好職員、好工友）」，辦學成績進一步提高。

1950 年，香港的人口增至二百三十多萬，其中 5 至 12 歲的適齡小學兒童有二十多萬，全港九百多所學校，67% 是辦學規模與條件參差的私立學校，在校學生約有 16 萬人，其中 77% 是小學生。

6 月，朝鮮半島戰爭爆發，以美國為首的西方陣營對中國開展封鎖禁運，沉重打擊香港經濟，引致進出口貿易凋零，大批工廠、商行倒閉，大量工人失業，街頭的「非法流動小販」大增，民生極為困苦。[3]很多家庭沒有經濟能力送孩子上學，兒童失學問題十分嚴重。

9 月，香港政府進行失學兒童登記，以便設法「救濟」，五天內得到的數目約 3 萬人，

第四任校長 **黃建立**

黃建立，1923 年香港出生，父親是小商人，家境小康。先後入讀油麻地官立小學和英皇書院（King's College）。1937 年，日本全面侵華，他積極參加「學生賑濟會」的愛國募捐運動，支持抗日。中學畢業後，報讀由廣州遷到香港，借用香港大學上課的嶺南大學。1939 年，回到內地西南聯合大學攻讀化學。1941 年，因父親生病回港陪伴，碰上日本佔領香港，留在家裏自修。1945 年，抗戰勝利後到廣州中山大學完成理科學位，其間參加了反內戰愛國學生運動。

1948 年回港，他應中山大學校友的邀請，到漢華中學當理科老師，並負責學校老師和學生的福利，外號「阿福」。他愛國立場堅定，為人仁厚，愛讀書、善思考，處事穩重，善於團結教師員工，且英語能力強。

1949 年，出任第四任校長。

而聖公會會督何明華（Bishop Hall）則認為有 10 萬人。[4] 隨後，教育當局提出十年內新建 50 所學校的計劃以解決學位短缺問題，又把小學改為上午、下午班半日制以增加學位，但還是滿足不了龐大的學位需求，仍需要依靠私立學校提供教育機會。為此，教育司公開鼓勵學校開設夜校，為失學兒童提供入學機會。[5]

艱苦辦學

1951 年，學校的營運經費面臨困難，黃建立校長說服母親把房子賣掉，將所得金錢分給三兄弟，他和弟弟所得的全部捐贈給學校。[6]

為照顧區內低收入家庭，學校收費比一般私立學校為低，為數不多的盈餘亦優先用在學校的發展上。於是，教師和員工的月薪約在 120 元至 200 元之間，平均只及官立、津貼和補助學校老師的三分之一到四分之一。他們普遍過着艱苦的生活。例如：李鴻舒教導主任一家五口，與陸民燦校董和鍾嫦英老師合租西環桃李臺一層唐樓，三個家庭各住一個板間房，晚上需要在公用的小客廳安設臨時床鋪讓小孩子睡覺。其他老師也是過着同樣艱苦樸素的生活。雖然如此，老師以校為家，認真備課，敬業樂業。大家緊密團結，相互幫助，每逢大節日組織各類聯誼活動，生活猶如大家庭。

學校的工友也積極發揚勤儉節約精神，他們想盡辦法為學校節省水、電開支，又改進火水爐頭的使用方法，每月節省五罐火水。負責伙食的工友視校內用膳的二百多名師生如家人，千方百計為他們提供價廉而可口的飯菜。

師生們的心聲

團結護校

在學位緊缺的年頭，像漢華中學這樣經教育司署正式審核註冊、教學成果優秀、受家長和學生歡迎、辦學環境符合當時官方要求的學校，其對教育的貢獻理應是得到肯定的。可是，港英政府卻因為漢華中學的鮮明愛國立場而視之為眼中釘，希望找到一個藉口除之而後快。

自 1949 年下半年，港英政府已經展開打擊香港的愛國進步力量，並以緊急法例的名義拘捕骨幹人物，不讓申訴辯護，立即遞解出境。港督葛量洪在教育司署內部成立了秘密的政治部分隊，由一位視學官高詩雅 (Crozier) 統領，專門查察愛國學校的活動，列出打擊對象。[7]

在極其艱難的辦學條件下，學校仍資助貧困學生完成學業。

61

香港私立漢華中學全體教職員合照 一九五一年七月

六一兒童節教職工子女在校舍天台留影

山道校舍並非獨立校舍，只是租用商業樓宇的上層作學校，在當年這類型的校舍是很普遍的，也符合基本的安全條件而獲得辦學批准。1950 年 3 月 14 日，教育司柳惠露發出公函，以滅火局（今消防處）謂漢華中學的防火設施不完善為由，給予警告。

學校接到警告信後，立即根據學校防火安全條例的要求，清理樓宇內的通道，增加滅火筒，舉辦全校師生火警疏散演習。學校把這些改善措施通知教育司和滅火局，作為對警告信的回應。

誰料教育司在 6 月 13 日來信表示：「滅火局繼後視察，仍然不主張樓宇上層作學校之用。因此，依據教育則例 13 條，由即日起一個月後將予取消註冊。如在取消註冊後仍繼續存在，則視為非法學校。」[8] 這封對改善防火和走火安全問題毫無商討餘地的通知信，明顯地是要取消漢華中學的合法辦學資格，逼使它停辦。漢華中學受到的打擊，只不過是港英政府一連串壓制愛國力量的行動之一。

面對港英政府的逼迫，學校發起了有理、有節的護校運動。黃建立校長向全校學生和家長公佈教育司的信件，鼓舞大家要拋開悲觀失望情緒，開展護校運動，並明確指出，護校策略是圍繞着火警安全話題依法行事，不要節外

生枝。學生會幹事和各班班代表，自發組織起來，發動同學和家長捐錢添置滅火筒，更積極操練全校的走火疏散行動。全校七百多名師生團結互助，由體魄好的高中同學抱着初小同學進行有計劃、有秩序的快速疏散，竟然用不到八分鐘的時間疏散完畢，比規定的十分鐘還要提前，令在現場視察的教育司署和滅火局官員驚訝不已。[9]

7 月初，學校 224 位家長聯名致函教育司，表示漢華中學辦得很好，也按照滅火局的要求改善了防火設備和達到學生火警安全疏散的標準，因此「懇切請求」教育當局協助學校解決問題，而不是註銷學校牌照，致令學生失學。這封用詞溫和、請求合理的家長信，公開刊登在《大公報》上，引起了社會人士的關注，更觸動了全港私立學校唇亡齒寒的危機感，他們在報章上發表同情的意見，友校紛紛派代表到漢華中學慰問。[10] 廣州《南方日報》對此事亦有所報道，並譴責港英政府摧殘愛國民主教育事業的意圖。

在輿論壓力下，教育司改變口氣，說是屋宇處不滿意大廈公共入口和天台的違章建築，要求業主清理以保證學生的走火安全；滅火局也開出條件，要求漢華中學出錢增建一道戶外走火梯，由五樓連接隔壁的廣州酒家天台作緊

急疏散學生之用。大廈業主和學校均表示會跟進辦妥，教育司找到了下台階，於是撤銷了原來吊銷學校註冊的安排。

在 7 月 31 日週會上，黃建立校長向全體學生宣佈：「同學們！我們今天已經取得徹底的全面勝利！教育司已經來信，收回取消漢華註冊的成命！」校長話音剛落，全場同學熱烈鼓掌，歡聲雷動，不少在四十多天來為學校前途擔憂的同學心潮澎湃，流出熱淚。8 月初，學生代表在學校禮堂召開護校勝利大會，到賀的還有曾經歷過被港英政府迫害的友校學生會代表 39 人，他們在簡單的獻花儀式中，把鮮花一朵朵地插在漢華同學襟頭上，彼此惺惺相惜，珍重那份得來不易的護校勝利。"方樹勳老師（筆名「巴丁」）就成功護校賦詩一首。後來，學校把這首詩作為歌詞，譜成《漢華頌》：

> 草原上開出好花，荒林裏結出好果。
> 舊的正在懷抱裏改造，新的正在奮鬥中成長。
> 您是一個灼熱的熔爐，把鐵煉成純鋼。
> 我們以生命的力量，為您創造燦爛的明天！

黃校長在上任第一年，堅定沉着地帶領全體師生、家長，成功護校。這次的磨煉，使大家變得更堅強、更團結、更壯大。擺在漢華師生前面的，還有更多更大的挑戰，等待他們迎風奮進！

報効國家

1950 年 7 月，高中第一屆 25 人、初中第三屆 46 人、小學第五屆 75 人，合共 146 人畢業。

當年正好是新中國第一次高等院校統一招

新建通往廣州酒家天台的防火梯

《漢華頌》表達了
教師們的心聲

生，有 18 位應屆高中畢業同學立下報效祖國的決心，報考進入內地不同省份的高等院校，體現了漢華中學為國家、為香港培養人才的宗旨。[12] 由於香港高等教育學位缺乏，五十年代歷屆高中畢業生，大部份回內地升學。不單如此，老師和同學，還義務幫助其他中學的高中學生補課，為應考內地的高等院校作準備。

在第一屆高中畢業生中，有四位在 1951 年初參加中國人民解放軍，他們是回國升學的王慕蘊、陳渭祥和回國參軍的俞述璧、黃賜佳。他們被同學視為漢華的光榮。

漢華中學為國家和香港培養大批人才。自 1950 年開始，歷屆高中畢業生大部份回到內地升學，十年累積有四百多人，他們遍佈中國各地，不少人成為工程師、農藝師、醫生、教師或政府工作人員，為國家的發展作出貢獻。留在香港的畢業生投身社會，在愛國機構和各行各業的崗位中服務，作出貢獻。

1949 年，正是祖國大地發生翻天覆地變化的時候，那一年我讀初中一年級，學校讓同學閱讀時事新聞，了解祖國的情況。中華人民共和國成立，學校升起五星紅旗，舉行盛大的慶祝活動，演出大型舞劇《中國人民大團結》，我參加了化裝組的工作。

我參加的學校合唱團那時也曾為不少社團的慶祝國慶活動演出，這些都使我們這些青年學生，增強了愛國心。

1954 年，高中畢業的時候，我決定回到祖國內地，生活在祖國大家庭轉眼過去了四十多年，在這幾十個寒暑歲月中，既有歡樂，也有風浪和波折。我曾在廣東粵西、山西晉中、西北寧夏的貧困農村勞動生活了數年，也參加過那個年代的一些社會政治運動，使自己對中國農村、農民多一些了解，對建設社會主義的問題多了點認識，也產生一些思索。

在內地生活中，我很幸運到了首都北京在港澳辦辦公室工作，有機會耳聞目睹老一輩中國革命家對國家民族的忠誠和鞠躬盡瘁，他們是那麼無私無畏，可敬可佩，使我深受教育和感動，他們的典範長留人間。

因為工作關係，我曾有機會目睹香港回歸的一些盛事，它是那麼激動人心，使我永遠難忘。為了解決香港順利回歸，國家高瞻遠矚，以宏大的氣魄，決定以「一國兩制」解決香港問題。為了使「一國兩制」的政策更加完善，中央的領導人曾經先後會見數十批香港各界人士，他們既有

第一屆高中畢業生回國升學名單

姓名	獲取錄就讀院校及專業		姓名	獲取錄就讀院校及專業
王伯蕊	廣州中山大學生物系		區壽本	大連工學院土木系
王慕蘊	廣州中山大學教育系		鄭煥璋	杭州之江大學中文系
任廷祚	瀋陽東北財經學院財政信用系		區覺民	杭州之江大學機械系
鄧世璋	廣州中山大學生物系		李樹堅	杭州之江大學土木系
陳渭祥	廣州中山大學經濟系		黃賜佳	張家口軍事工程學院工程系
張毅強	廣州嶺南大學土木系		楊佩儀	內蒙古醫科大學醫療系
梁國忠	廣州嶺南大學電機系		司徒圓	北京藝術院校
陳鴻程	湖南大學土木系		鄭慧珍	廣州南方大學
張尚彬	廣州華南文藝學院戲劇系		林興識	武漢中原大學（中南財經政法大學）

上層人士也有基層工、農、漁民，誠懇虛心地聽取他們的意見，耐心向他們解釋國家的政策，接納他們好的意見，充分體現了國家對曾經被迫長久離開祖國懷抱的香港同胞以更多的關懷和照顧，對此我有着深切的感受。

⋯⋯

我在內地生活雖然不富裕，有時甚至貧寒，但另一種財富是豐厚的，我得到的還是很多，對於當年選擇回內地，我至今無悔。

1982 年，我離開香港 20 年後首次回到我這塊出生地的時候，除了與家人團聚，我便懷着熱切的心情，匆匆趕去探望母校的師長和校友。當走完那一百多級石板台階到達青蓮臺母校時，心情既興奮又感慨，幾十年過去了，母校還是那麼簡樸，昔日年富力強的老師，如今已兩鬢如霜，他們為培育幼苗付出多少艱辛，在這些陡峭的石板台階上留下了多少腳印。

——莫瑞琼，〈路在伸延〉，
《情繫漢華》，頁 91

衝破壓制　迎難發展

港英嚴控教育

自 1950 年開始，港英政府以「非政治化」為理由，嚴厲壓制學校向學生傳播民族教育和愛國思想。教育司署通告全港學校，「香港教育以英國自由教育為基礎，是一種絕無任何政治傾向的教導，⋯⋯教員不得將其成見或偏見教諸學生」，並警告學校「凡未能遵循此警告者，勢將加以重罰」。[13]1951 年 4 月，新上任的教育司高詩雅（Crozier）高調表示「教育是教學生謀生技能，反對用某一黨派或某一主義的觀念灌輸於青年頭腦裏的教育」，重申「香港教育法有嚴厲的條例，不許不正當地利用學校為政治活動的地方；如有教師觸犯這些條例者，當毫不猶豫地懲罰他，必要時，取消他教學的職位」。[14]

在 1945 年至 1949 年期間，港英政府面對不穩定的局勢，沒有承擔教育發展的決心，認為人口中有不少非永久在香港居留者，是逃港的難民，「似無多大理由享受教育的權利」。[15]1950 年香港地位明確後，港英政府邀請英國曼徹斯特市（Manchester）總督學菲沙（Fisher）來港考察教育，提交建議制定往後香港教育發展的

政策。1951年底發表的《菲沙報告書》，建議在增建學校、優先滿足小學學位需求的同時，加強對教育的控制和管理，透過推行英語教學，擴大英國的影響。1952年，立法局通過《1952教育條例》，禁止學校進行「政治活動」，包括懸掛國旗、舉辦國慶活動和談論國家發展。所有學校均需重新登記註冊，以能符合新修訂的教育法例，教師亦要有社會人士擔保才能獲准註冊。港府統一學制，中小學各六年，把漢文中學（vernacular schools）改稱為中文中學（Chinese schools）。同時，成立有政治部人員參與的課程委員會，專責擬定學校模範課程，並指定本港中文、英文學校必須採用經教育司署審定的教科書和獲批准的教材，學校不得使用未經批准的補充教材。[16]教育司署設立督學制度，賦予檢查學校的權力，加強對學校的「突擊」視學檢查。1954年11月，向全港學校發通告，禁止學生組織集會，嚴禁簽名請願行動。[17]

歧視中文

港英政府刻意提高英語的地位和價值，把英文定為官方法定語言，並以此為誘因，推動「重英輕中」的教育。在五十年代，香港唯一的公立大學是香港大學，以英語為教學語言，其畢業生都是「天之驕子」和社會精英，高薪厚職。英語良好的中學畢業生，無論在升學、就業及報考公務員方面都得到更多的益處。教育司還頒令，以英語為教學語言的英文學校可以不教中文，「以免為難非華裔學生，也減少學生之神經緊張」。[18]因此，大部份英文學校均視中文為第二語言，造成一些學生以輕視中文為榮，更有一部份名校標榜不教中文和中國歷史，改為教授英國文學或法文等，以示高人一等。1955年，全港英文中學學生有二萬八千多人，中文中學的學生二萬二千人，但香港大學要求具有相當高的英語程度才能入讀，把中文中學畢業生拒於門外，他們只能到崇基、新亞、聯合等私立大專學院升學。社會人士要求開設一所以中文授課的大學，為廣大的中文中學畢業生提供升學機會，但教育司認為「尚無必要」。[19]

嚴控課程內容

1952年，港英政府成立「中文科檢討委員會」，其發表的報告書明確提出：在肯定中國文化（包括中國語文、歷史）的前提下，學校課程中不能鼓吹「民族自負」（意指民族自豪感）和仇外（意指反殖民主義、反帝國主義）思想。中國歷史科課程的年代下限是1911年辛亥革命，鴉片戰爭被說成是中西文化和商業

衝突。在五十年代，學校使用的課本大部份是英資出版社編印或英國人編著的，甚至是英國本土出版的課本。課程內容方面，社會科目的內容明顯地帶有殖民地色彩，例如世界歷史科採用以歐洲白人為中心的視角，視其他種族為未開化的野蠻人；地理科內容以美洲、歐洲為重心，中國地理片面零碎。至於音樂、美術，都以西方文化為正統，國樂、國畫及其他非白人的藝術形式，絕少能進入正規課程之內。[20]

港英政府對教育意識形態領域的嚴控和壓制，形成一股白色恐怖，令一般的校長和教師政治冷感，更怕招惹麻煩。在學校內，不僅有關社會主義、新中國發展等書刊被列為禁忌，就算是巴金、魯迅、冰心等作家，也被視為「親共份子」，他們的作品被列為「敏感讀物」而不得成為學校圖書館的藏書。[21]有關民族獨立、人權、種族平等的報道，更絕不能在學校內談論。

很明顯，港英政府的教育目的，只是培育不關心國家發展和世界大事，只懂讀書考試升學、取得謀生技能、守規矩、安守本份的順民，是一種典型的殖民地教育。

打壓愛國學校

港英政府推行非政治化教育，主要是針對由公開擁護中華人民共和國人士開辦的學校，為數約三十多所，約佔全港學校的5%。港英政府對這些學校特別嚴密監視、打壓和排斥，甚至借不同藉口令學校停辦。愛國學校的畢業生，不能通過政治審查進入公務員系統；而對教師更為嚴苛，不少教師屢次報讀教育司署屬下幾所師範學院開設的在職進修課程，或專業文憑課程，雖符合資格，卻基於政治考慮，不獲取錄。教育司署的視學官員，不定時地到愛國學校進行突擊視學，查看是否有被認為是「煽動性」的材料。擁有獨立校舍和不牟利的愛國學校，一直不獲政府的財政補助。

1958年秋，以促進各校之間的合作和團結為宗旨，由培僑、香島、漢華、中華、新僑、信修、福建、育群、南中、衛文等十所學校發起，二十所學校加入的聯校體育表演，原定於12月9日晚上在南華體育會運動場舉行。12月6日警務處以這次表演含有所謂「政治意義」，硬是把演出取消了。

漢華矢志不渝

堅持愛國立場

面對港英當局的重重打壓和限制，漢華中學立場堅定、旗幟鮮明、務實辦學、不斷創新，

堅持愛國教育，致力在合法、合理的條件下，努力提高教學水平，以優秀的教育成果面向社會，並主動參與各類全港性的校際比賽和學校之間的聯誼活動，與香港教育界在切磋及交流中，增加認識和聯繫。

面對港英政府限制學校懸掛國旗的規條，漢華中學堅持愛國立場不變，在 10 月 1 日國慶日，舉行升國旗儀式和慶祝活動。禮堂懸掛國旗，孫中山先生和毛澤東主席肖像並列。由於英國與中國政府有邦交關係，所以港英政府也不好貿然干涉愛國學校的國慶活動。

註冊為非牟利學校

五十年代初，在私立學校就讀的學生人數佔全港的 67%，政府還公開鼓勵社會人士開辦私立學校以緩解學位短缺問題。[22] 但在《菲沙報告書》發表後，港府隨即開展對私立學校的整頓，作出諸多限制和打擊。1952 年 6 月，教育司高詩雅宣佈，所有牟利的私立學校均要依商業法例向工商處領取牌照，每年繳交牌照費和納盈利稅，引起一百三十多所私立學校聯名反對但無效。[23] 隨後，教育司署又通過收緊私立學校的課室容額，令每所學校學生人數平均減少三成，私立學校瀕臨困境，到了 1955 年，私立學校學生的比例下降至 58%。[24]

1953 年 4 月，漢華中學校董會秉承立校以來不為牟利辦學的宗旨，註冊為「漢華中學有限公司」，獲豁免使用「有限公司」四字，並獲稅務局承認為非牟利慈善團體，辦學的盈餘全部回饋到學校發展之用。這樣，突顯了辦學的理想，也讓漢華中學與那些牟利的私立學校有所區別。學校成立了一個由七位信託人組成

CERTIFICATE OF INCORPORATION

I he... ...y that

Hon Wah Middle School (漢華中學)

is this day incorporated in Hong Kong under the Companies Ordinance, (Chapter 32) and that this company is limited.

Given under my hand and seal of office this *Fourteenth* day of *April* One Thousand Nine Hundred and Fifty - *three.*

(W. ANEURIN JONES)
Registrar of Companies,
Hong Kong

註冊為非牟利性質有限公司

的信託局，作為管理機構。黃建立校長擔任信託局主席，信託人包括李鴻鈞、葉以恕、李誦謙、文緝熙、吳賢伯和陸民燦。

——— ③ ———
優化教學　開拓創新

教學大改革

1951 年 9 月新學期開始，在黃建立校長、李鴻鈞教導主任和諸兆庚、鄧統元、李作述等行政人員帶領下，開展「教學大改革」，目的是提高教學質量和成效。他們提出：課堂教學是整個教導工作的中心環節，教學領導是校長和教導主任的工作。要提高教學質量，老師要認真備課，鑽研教材，取長補短，並要研究學生的特點而作出調適，在課堂採取符合學生心理和認知能力的教學方法。

老師按科分組，集體研究教材，編寫全年教學計劃和進度，並為每一課寫出「講授提綱」，內容包括教學目的、知識和技能重點，補充教材和教學步驟。他們總結出一套教學策

略，在老師精簡講授的基礎上，加強課堂提問，以啟發學生的理解，促進鞏固和應用，在課堂完結時做好總結，佈置習作。

課堂教學盡量發揮實物和圖像演示的功效。中小學各科教師在授課時經常應用模型、標本、圖表、儀器和實驗，讓學生透過觀察和動手，掌握學科知識。教師發揮創意，自己動手製造各類實物演示教材，不但節省成本，也豐富了課堂教學的活動。透過努力，學校的各類教具達到二千多件。

在改革的過程中，學校領導扮演促進、監督和支援角色，為老師提供必要的資源，並檢查工作成效。最關鍵的是建立常規，逢星期三下午定為科組會議時間，並逐步建立聽課、資深教師示範教學、同儕觀摩交流的文化，形成老師間彼此學習，共同增值的風氣。校方鼓勵教師閱讀教育研究刊物，並結合在觀摩教學中所發現的問題展開研究，結合實際提出改進方法。[25]

照顧學生差異

對於學習情緒或能力不高、不能按時完成作業、跟不上教學進度的同學，老師會個別訪談了解，給予個別的輔助，針對他們所缺的環節由淺到深的補習，又把作業的內容多元化、簡化，讓他們能夠完成。對每一個成績稍遜的學生，都配上一位成績好的同學來幫助。

發展校本課程

儘管教育當局對學校的課程嚴密控制，漢華中學堅持原則，認為老師對指定教科書內不

中小學教學經驗分享

符合學習規律、編排不合理、內容有缺失或錯誤、脫離時代的地方，應可加以糾正和補充。

國文科課程的目標是：提高學生的閱讀及寫作能力，培養學生愛國、誠實、好學、喜愛助人等高尚品德。這樣，既衝破港英「非政治化」的限制，也糾正了單純注重語文技能而忽視德育的錯誤傾向。對於每篇課文，務要探索它的中心思想而不被枝節或旁徵博引牽扯，更要聯繫學生的實際思想和現實環境進行思考。國文課本中雖然有大量古文（文言文），但經過這樣的調適，學生不會覺得枯燥和沒有意義。國文科還增加了官方課程所不重視的應用文，使學生掌握公函和書信的寫作，有利他們在踏入社會工作時適應需求。此外，還開展文藝閱讀指導，挑選優秀的文藝作品為教材，例如介紹法國莫泊桑的〈項鏈〉，批判貪慕虛榮的社會風氣。[26]1956年，提倡用普通話進行朗讀、提倡同學講普通話，並公佈學校使用的一批簡體字，准許學生在習作和考試使用。1958年，開設小學「國音科」。

英文科針對學生程度參差低落和害怕學習英語的心理，特別探索一套幫助學生掌握英語的教學方法，以韋氏音標為基礎，在每節課講授前把生字寫在黑板上，讓學生朗讀和明白字義。在教授英語文法時，老師先講解演示例子，後安排例句給學生作堂上練習，即時糾正，老師更採用英譯中和中譯英的例子讓同學明白中、英語法的關係。學生溫習課文中的指定範圍，每星期默書一次。如此，絕大部份的學生都能跟上進度，對學習英語的信心也增強了，而且能力不斷提升。在能力高的班級，老師會先讓學生解讀課文，然後作出指正。

我自小在教會女子英文書院讀書，不知讀書為了甚麼？以為就此受點文化薰陶，將來有些謀生技能就足矣。

49年暑假之後，在父母不反對的前提下，考入了漢華中學高二班。

我從英文書院走到漢華來，一下子好似登上一個自由王國，再也不需看那些冷若冰霜的面孔，也解除了各種清規戒律的束縛。這裏的老師、同學是那樣親切待人，這裏所探討的知識是那樣積極向上，都是我過去聞所未聞的，我簡直着了迷。我爸爸那時常常笑話我說：「怎麼你去了漢華一開口就是偉大啊！熱情啊！」是的，那時我的感受就是這樣。

當時的漢華中學校舍雖然簡陋，但我似乎沒有感覺，可說是視而不見。我看見的是清一色的年青有為、敬業樸素的校長、

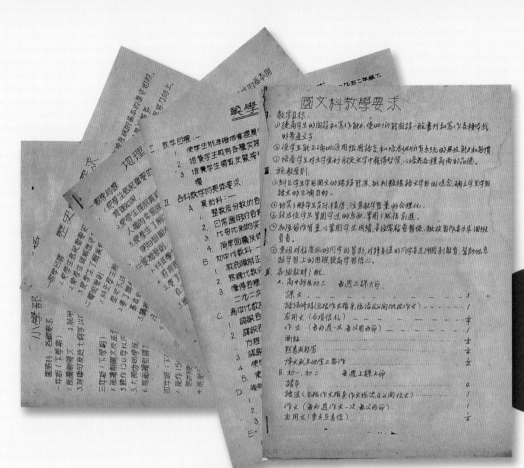

一九五二年制訂
的各科教學要求

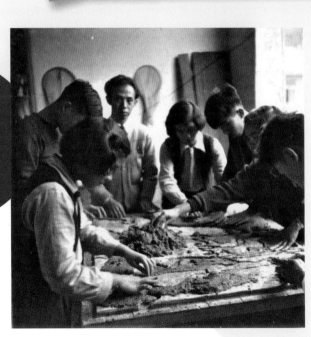

帶領學生製作教具

老師和職工。他們像兄長一樣愛護學生，對我們是誨人不倦、循循善誘。我平素最怕數學，但文軍老師教我們代數，他從踏入講壇到打鈴下課，始終是帶着微笑講解習題，使好枯燥的數字，似乎變成了悅耳的音符，順理成章地都輸入腦海。化學老師葉 Sir，他又是我們的班主任，他從來不帶課本上堂，手裏只拿兩枝粉筆，但他的講解是那樣井井有條，那樣容易理解。他和學生打成一片，既是我們尊敬的老師，又是我們可以交心的兄長，課餘時還兼作話劇的導演。無論唱歌、演戲、打球，他似乎無所不能，無所不在。我們的語文老師諸兆庚先生也是我高三班的班主任，她是我的偶像，她文學知識的淵博，分析之精闢，口才之勁是第一個令我折服的人。她不僅講授教科書上的課文，還不時結合形勢加入許多課外的好文章。聽她的課我可以全不走神，因為她所說的每句話好像發出了電磁波一樣，把我深深地吸引住，每次上她的課我都覺得下課得太快了。她講的話是那樣令我回味無窮……總之，漢華中學教的所有科目都結合愛國主義精神，反映現實，既講中國過去的先進文明，亦批判其腐朽、黑暗的方方面面。激勵學生

要肩負起建設祖國的重擔，要把改變中國一窮二白的落後面貌，趕上國際先進行列為己任。

——張露德，
〈漢華奠定了我的人生軌迹〉，
《情繫漢華》，頁 134

自然科教科書內容非常陳舊，編排不合理。教師透過分析，作出大幅度的修改。例如初中的「動物學」，教科書是從脊椎動物開始，最後才講到原生動物的變形蟲，違反生物進化系統，因此就倒過來教。不論是有關生物、化學、物理，都加入當時的發明作實例，也介紹中國的科學發明和應用。這樣，自然科也成為理論和社會實踐結合的科目，受到學生的歡迎。[27]對於小學自然科過深過多的內容，也作了大膽的增刪，並且大量應用實物教學和小實驗，結合日常生活，克服課文文字過於抽象的問題。老師更把課室以外的整個大自然作為實物教學的材料，把學生帶到校外上課，由學校出發走到太平山山頂，再回落到薄扶林水塘返回學校，沿途結合課本中相關的內容，進行實地觀察、試驗和記錄，並收集標本。[28]

中國歷史科針對教育當局扼殺民族感情的政策，明確提出培養學生的民族自豪感，並非

妄自誇大，而是建立中華民族的自尊心和自信心，掃除崇外、媚外、懼外心，並且展示新中國的發展和前途。在課程內容方面，突出中華民族是世界文明古國，以她的獨特文化和民族力量影響世界歷史的向前發展；突出中國人民自古以來有偉大的創造能力，在科學、藝術各個領域都有令人自豪的貢獻和發明；突出中華民族富有反侵略的優良傳統。教師上課時重視講授的感染性。對於官方課程以 1911 年辛亥革命為年代下限，令近 20 世紀中國歷史空白一片的不合理安排，教師編寫《本國近代史講義》作補充。[29]

體育科的目標是「健全身心」，不僅是鍛煉體魄，提高技能，而且負起糾正學生心理缺點的責任，例如散漫、妒忌等，建立集體精神和紀律習慣。體育教學不僅對學生的健康負責，而且要負起糾正學生的缺點和培養優良品德的責任。例如：在集體遊戲，分隊比賽時，一些同學常為了自己的小隊成績好一點而犯規，勝利時就驕傲，失敗時就氣餒，互相埋怨，妒忌別人。這時候，體育老師便一方面指出失敗原因，提高學生學習的情緒，一方面指出他們行為上的缺點。讓學生知道在任何運動比賽時，都要全神貫注，勝不驕，敗不餒，決不以不公正的方法來取得勝利，更需要虛心地學習，隨時向別人的優點學習，聽取別人的意見，善於和人合作，發揮團結的力量。學生須嚴守運動規則，服從老師和隊長的指導，特別是無條件地服從裁判，培養他們自覺的紀律性。除了每週兩節體育課外，並於每天 7 時 55 分全校師生分批做早操，放學後把課外活動時間分三段，讓各班同學能參與不同的運動鍛煉。[30]

五十年代，冼澤鈞、黎振民兩位同學獲得國家運動員稱號。1956 年，李振家、程英圓同學被挑選到北京參加世運選拔賽，程同學獲得國家三級運動員的光榮稱號，在北京得到國家主席劉少奇和總理周恩來的接見。

強化閱讀能力

學校非常重視培養學生的課外閱讀習慣和求知慾，除了安排學生在早讀課閱讀課外書報外，也積極充實圖書室和閱覽室的讀物，鼓勵同學閱讀。學生利用零用錢訂購書報、雜誌，蔚然成風。

舉辦大型教學展覽

1950 年 11 月，教育司署號召全港學校舉辦開放日和教育週，面向社會。漢華中學積極回應，舉辦學校開放日和教學展覽活動。

1951 年 5 月，舉辦為期三天的「自然科

程英圓同學（左一）獲國家領導人接見

天天齊做廣播操

教學展覽會」，開放展覽室 11 間；6 月，舉辦兩天的「國文科教學展覽會」。

　　1952 年 2 月，舉辦兩天的「美術課教學展覽會」。

　　1953 年 12 月，舉辦三天的「各科教學展覽會」，分 12 個展室，全面介紹教學方法、教材、教具製作和使用，觀眾來賓有家長、各界友好及一百多所學校的教師和學生達一萬二千多人。

　　透過這些活動，漢華中學在香港教育界和社會人士中，樹立了辦學成績優秀的形象，教育當局也不得不肯定。

教書育人齊發展

鞏固班主任工作

　　學校有明確的班主任制度，把教學工作和訓導工作結合，並落實到班主任。班主任對學生進行集體和個人的品德教育，團結班級成為良好的集體。同時，密切聯繫學生家長，進行家訪，促進家校合作。學校每兩週舉行班主任會議，就學生在紀律、情緒、行為方面的問題交換意見，探討解決方法。班主任也指導班級的課外活動，例如：組織郊遊、參觀和文娛體育活動。[31]

漢華中學一九五三年愛校盃籃球賽全體球員合照

漢華中學是一個團結友愛的大家庭，學校設有助學金，幫助家境困難的同學。記得有位高班同學因家庭突然發生事故，可能要輟學，正在這時候，同學們都伸手援助，幫助他完成中學學業，我深受同學們這種團結助人的精神感染。又有位同學不良於行，有位家長中午帶飯給自己兒子的時候，特別多帶一點，與這位不良於行的同學分享午餐（不是一、兩天，而是相當長的一段時間）。我自己家裏每天給我五毛錢，當時除了車費，就連一碗魚蛋粉也吃不上，老師和同學知道後，給我施予援助，師姐莫瑞瓊，師兄盧壽祥關心我，中午有

時在師姐家裏或師兄家裏用膳，甚至很長的一段時間，我就住在隔壁地下師兄李九疇家。其實他們家也並不富裕。瑞瓊姐妹眾多，壽祥父母是學校的廚工和洗衣工友，但他們解決了我的燃眉之急，至今，我還記憶猶新，永遠感激。正是在這溫暖的集體裏，我得以健康成長。同學們這種互相關懷互相幫助的精神，既是老師平日教導的結果，也是漢華精神的具體體現。在學期間，我也參與學生會工作，當時老大哥林彥舉、鍾贊祥、姚瀛洲，師姐莫瑞瓊等人身體力行，是熱心工作的典範，他們的行動深深打動了我，我以他們為榜樣，學

習為集體做事，為同學們謀福利。正是在這環境熏陶下，自己也得到鍛煉，深知遇事要先想他人，多為集體，也促使自己更尊敬老師、愛護學校、熱愛祖國。

——李潔儀，〈漢華培育了我〉，
《情繫漢華續集》，頁 20

建立學生紀律團

學校設立明確的校規和懲罰制度，鼓勵學生養成良好習慣，但不是單單依靠懲罰和制裁來管理學生行為，而是注重培養學生在自覺基礎上養成良好的行為習慣。學校組織紀律團，團隊成員由學生自己選出，而且有別於一般學校的做法，成員不一定是品學兼優的學生。不少同學被選進紀律團後，透過服務同學，品德行為都有明顯的進步。[32]

自覺紀律的精神，當然是在於啟發和培養學生在遵守紀律上的自覺性，並使之鞏固起來，養成自然的紀律習慣。但在培養的過程中是要配合紀律的制裁，乃至嚴格的懲罰而進行的。制裁與懲罰如果能結合教育，讓被懲罰者徹底了解自己的犯規行為是違背集體利益，應該受到懲罰的話，那是有助於自覺紀律的養成的。

紀律團既由學生自己選出，它的工作就是同學們自己對自己執行紀律，因而對自覺紀律的培養是很有裨益的，對於以為執行紀律只是教師「權力」這種錯誤觀念也較容易改變。紀律團同學之中，不是全部品學兼優的。但在我們學校裏，不少同學被選進紀律團之後，他們的學業和品德往往就迅速進步了。

——〈培養學生自治自主能力〉，
《漢華中學校刊》，1952 年，頁 7

1950 年，中學部成立「漢華中學學生會」，小學部成立「班級幹事聯合會」，讓學生自己

管理自己，以培養學生的公民意識和自治能力。五十年代的中小學，普遍對課外活動不大重視，但是漢華中學非常看重課外活動對培育學生自主自立的功能，特意讓學生自己組織各樣的課外活動，如體育、音樂、美術、戲劇、舞蹈、電器、模型製作、科學等。學校安排老師當顧問，發揮同學的潛能和創意。學校每年的國慶和校慶節目，都交由學生集體編導和排練。歷年舉辦的教學展覽會，展品大部份都是同學製作的。

1958 年校慶，學校編排「龍舞」作為表演項目，需要服裝數十套，一條二十丈長的大龍和幾十枝彩旗，還有燈籠、彩珠等，如果購買的話要花費幾千元。學生會決定自行製造，將各項工作分配到各班級，高三、初三製作大扇，高二、初二紮燈籠、龍珠，高一、初一造龍骨。另外，還組織車縫隊縫製龍身和服裝、腰帶、頭巾。

跨班級合作

學校重視培養學生的團結互助精神，除了透過學生會和班會舉辦的聯誼活動外，還刻意組織跨班級的合作，發揮他們的創意和合作精神。學生在互相協作和幫扶的活動中鍛煉能力，成長得更快。[33]

同學們為了迎接校慶，學生會召開了各班代表會議。會上大家都非常熱烈發言，肯定學生會福利工作的成績，並提出對學校的建議和對學生會工作的批評，充分發揮了愛校精神。

自覺執行紀律是同學動人的口號之一：高三甲班同學自動請求負責第一次值週班的光榮任務，協助學校搞好紀律工作。這一週來，我們看見襟前掛着鮮紅布條——「值週生」的大哥們到處巡崗維持紀律，使各班上課下課的紀律更有良好的表現。

對高三甲班值週生的負責態度和紀律精神普遍得到同學們的好感。初一班表示要同學搞好班紀律，洗清過去不守紀律的恥辱；初三甲班同學提出要向大哥班學習，更要搞好預備鐘後和放學時的紀律，並爭取下週負責值週班的光榮工作。

為了搞好學習，高二丙班動員全體同學幫助學校繪製圖表，要做到精確實用，方便弟妹學習。高二甲班和高一乙班很多同學提出捐獻圖書給圖書館，充實同學的課外學習。

高三乙班和初三乙班聯合向學校提出把三樓走廊變為「文化走廊」，使牆上掛上有教育意義的名畫，走廊一邊陳列着同

學們喜愛的圖書和畫報，女同學親手製作精美的花邊裝飾，使同學有一個美好的學習環境。

高二乙班和初三甲班同學們正在進行美化運動場，他們帶着鎚子、漆油……等，到天台運動場去修理貯衣櫃，粉刷球場，圍牆上「健全身心」的四個大字閃現紅光，煥然一新的籃球場更適合運動員表演身手了。

高一甲班提出整理在天台上的植物園，他們學習「青春的園地」裏的同學一樣，在小型的植物園裏種上許多花木、盆景，春天來到，紅花綠葉的植物園將呈現在同學們的眼前。

歌詠組七十多個同學還要爭取時間練習新歌，並且全組同學保證每一次練習都到齊，使慶祝會上演唱得更好。合唱組的女同學並決定自己縫製新裙，出錢出力，情緒異常高漲。舞蹈組的同學為了適合戲院的舞台演出，她們正在努力改排節目。

——《漢華中學慶祝校慶大會特刊》，
1956 年，頁 1

積極參加校際活動

學校積極參與校際活動，包括戲劇、體育等比賽和其他聯校活動。1950 年 12 月，以獨幕劇《牆》首次參加校際戲劇節、1951 年《都市流行症》、1952 年《芳草天涯》、1954 年《樓台會》、1955 年《桃花扇》、1956 年小學組《這不是小事情》、1957 年香港青年會戲劇節《春香傳》等。1952 年首次參加南華體育會舉辦的港九學界陸上田徑運動會。

獨特的課外勞動

1957 年，漢華中學汲取內地「勤工儉學」教育方針的精神，讓學生體驗在勞動生產中應用知識，同時培養勤勞儉樸的美德。首先，學生會發動清貧學生做暑期工，高二學生為國貨公司加工網球拍，高三同學替學校修理播音器材。開學後，高三學生結合課堂所學，在課外活動時間為學校自行生產黑板粉筆。他們用水泥和膠片製造四個模盒，一次可做出 240 支，成本比市價低 40%。初中同學從印刷公司領紙袋回學校糊，每一千個換取一元；後來改從食品公司領取數千個紙袋回學校加工，工序包括糊報紙皮、釘孔、穿綿繩，每做一千個可得 5.5 元。

同學在生產過程中學會了分工合作、互相幫助、獨立負責、克服困難、提高效率，把所賺得的金錢用在幫助清貧的同學繼續學業，體驗了自力更生的成果。往後，學校把「勤工儉學」課外活動恆常化，指導老師按照學生特點開展活動，例如木工、車縫、電機和化工等，成為香港學校中獨特的課外活動。各學科的教具、學校大型活動和表演的用具，也相繼交由師生動手製造。[34]

成立家長教師聯誼會

在五十年代，香港大多數學校只是透過家長手冊、家長晚會與學生家長對話，極少有讓家長參與校務的常設組織。漢華自創校以來，每年春節假期都安排班主任進行學生家訪，了解學生的生活、在家的表現，與家長商量如何更好地配合學校教育。校董會認為建立密切的

家長與教師關係，不但能得到家長的配合，還可以協助學校改進工作，更能透過家長的社會關係，讓更多人認識漢華。

　　1957 年 12 月，33 位家長和教師發起成立「家長教師聯誼會」（簡稱「家聯會」），選出第一屆理事會，並互選出梁燦輝為主席，陳思齊、黃建立為副主席。家聯會的宗旨是「促進家長與教師間的友誼和合作，有利於提高教育工作之效能及謀求學校之發展」。成立後，家聯會定時舉辦聯誼活動，增進家長與學校的溝通，並籌募助學金，幫助家境困難的學生。

—— （四） ——
迎風挺立　茁壯成長

擴充校舍

　　1955 年，香港人口激增至二百四十多萬，同時也出現戰後出生嬰兒的入學潮，教育當局雖然積極推行「小學擴展七年計劃」，增建學校，實行半日制，把每班人數增至 45 人，但仍然滿足不了需求，適齡失學兒童人數更上升至 20 萬，中學學位仍嚴重缺乏，只有四分之一的小學畢業生能夠升讀中學。[35]

　　為滿足社會需要，漢華中學於 1955 ／ 56 新學年開始時，租用大道西 451 至 453 號的

自主自立的
課餘生活

地面樓層，開設小學一、二年級各一班。全校中小學共 20 班，學生人數達八百多人。

　　1958 年 1 月，新到任的港督柏立基（Robert Black）對愛國學校進行新一輪的針對活動。4 月，教育司向學校發通知，重申教育條例中一項規定：學校不得懸掛「政治性及半政治性的旗幟」，隨後補充說明，是要求學校在五一勞動節不得懸掛國旗和唱國歌。[36] 與此同時，派出視學官頻頻到愛國學校進行突擊巡視，重點是檢查學校圖書館和教員室的書籍和刊物，搜尋被認為是煽動性的刊物。

　　漢華堅持愛國立場，一如既往舉行慶祝五一勞動節活動，受到教育司發函警告。1959 年 10 月，中華人民共和國成立十周年，學校舉辦「祖國建設圖片展覽」，同學在各界慶祝國慶大會上演出大型舞蹈《龍舞》，黃建立校長參加香港各界同胞國慶觀禮團前往北京觀禮。1960 年，學生在各界慶祝國慶文藝晚會上表演大型歌舞《祖國頌》。

開辦夜校

　　為滿足大批在職青年學習文化和進修的要求，學校決定在 1958 年開辦夜中學，目標是「培養熱愛祖國，有良好品格，具有中等文化水平的青年」。11 月 4 日獲得教育司署批准，開設高中一、二和初中一、二、初級英文班共

及時報道校園生活的牆報

一九五二年我校運動員在學界田徑會上進場

一九五〇年獨幕劇《牆》獲校際戲劇比賽亞軍

87

大型歌舞《祖國頌》

五個班級，由李鴻舒任校長。11月6日招生，取錄了高中60人、初中51人，英文班28人，合共139人。

學校因應在職青年日間工作辛苦，晚上上課疲勞，溫習時間不多的特點，除了減少上課時數，還同時編寫精簡的教材，在教學方面加強啟發性和鞏固性，讓學生有系統地、高效地掌握學科知識。夜校也設立班主任制，要求教導合一，課內與課外結合，理論和實踐結合，在假日為同學組織有益身心的課外活動。往後的幾年，夜校逐步發展成為一所完全夜中學。[37]

成立校友會

1958年，「漢華中學校友會」成立，凝聚校友的力量，與老師和家長一起以主人翁態度，支持學校的發展。校友會設理事會及監事會，理事長張輝仁（日校第一屆）、監事長張光亮（日校第三屆）。

校友會成立後，定期舉辦各種文娛、體育及聯誼活動，聯絡校友，凝聚力量。

紮實發展的十年

1960年，政府把中、英文中學六年制改為依英國學制的中學五年、英文中學大學預科

兩年、中文中學大學預科一年的新學制。漢華中學日校落實新的五年中學一貫制,擴大招收中一班學生,成為香港西區一所擁有一千多學生的中小學一條龍學校。

漢華中學的教學質量受到教育當局的肯定。1953 年,教育司派出 15 名視學官,連續三天到校進行全面視學,其視學報告對學校的教學工作多予肯定。[38] 學校透過開放日和大型教學展覽活動,把優秀的教學成果和經驗與全港的學校分享,也積極參與公開的比賽活動,展示學生全面發展的活力。自 1954 年開始,參加教育司署舉辦的中學會考。

結 語

二十世紀五十年代,漢華中學憑着她鮮明的愛國教育旗幟和優秀的教學成績,贏得了香港教育界的肯定。令教育界賞識的是,漢華中學的校舍擁擠、活動空間不多,資源也不是特別豐富,卻能夠發揮高效能的教學成果,並且在各方面都有創新的發展,她背後那股專業力量、師生員工為同一目標艱苦奮鬥的毅力和精神,實在是難能可貴的。

1　在香港問題上，毛澤東主席與周恩來總理親自制定「長期打算　充分利用」的政策，認為在長期的全球戰略上是一個積極努力的進攻和鬥爭。把香港留在英國人手上，有利分化美英勢力，可以利用香港的資本主義制度開展僑務工作，建立最廣泛的愛國統一戰線，也可把香港作為新中國與國外進行經濟聯繫的基地，吸收外資，爭取外匯；香港也可以成為對西方世界的「瞭望台」、「氣象台」和「橋頭堡」。詳見金堯如：《中共香港政策秘聞實錄》，台北：田園書屋，1998年，頁4－5；強世功：《中國香港政治與文化的視野》，北京：生活·讀書·新知三聯書店，2014年，頁110－111。

2　黃建立：〈漢華二十年〉，《漢華中學慶祝創校二十周年紀念特刊》，1958年，頁1。

3　周奕：《香港左派鬥爭史》，香港：利訊出版社，2002年，頁49。

4　《華僑日報》，1950年9月20日。

5　《華僑日報》，1950年10月29日。

6　李月波訪談，2016年3月。

7　Sweeting, Tony , A Phoenix Transformed : the Reconstruction of Education in Post-War Hong Kong, Hong Kong: Oxford University Press；周奕：《香港左派鬥爭史》，頁169－175。

8　周奕：《香港左派鬥爭史》，頁47。

9　鍾贊祥：〈團結就是力量——記漢華中學護校鬥爭的勝利〉，《情繫漢華》，1999年，頁166－169。

10　《大公報》（香港），1950年7月12日。

11　鍾贊祥，同上。

12　王慕蘊、陳渭祥：〈金色年華〉，《情繫漢華續集》，2004年，頁111。

13　教育司高詩雅在旺角勞工子弟學校開幕禮上講話，港府新聞處消息，刊於《華僑日報》，1950年1月20日。

14　《星島日報》，1951年4月30日。

15　《文匯報》，1946年6月17日。

16　《華僑日報》，1952年11月11日。

17　《星島日報》，1952年12月26日。

18　《星島日報》，1950年12月3日。

19　《華僑日報》，1955年12月17日。

20　Luk Hung Kay, A History of Education in Hong Kong , Report submitted to Lord Wilson Heritage Trust, 2000, pp. 81-85.

21　馮以浤：《小河淌水——退休教師憶流年》，香港：青田教育出版社，2015年，頁106。

22　《香港教育概況》，香港：香港文化服務社，1954年。

23　《星島日報》，1952年6月19日。

24　《香港年報》，1955年。

25　李鴻舒：〈我們的教導工作〉，《漢華中學校刊》，1952年，頁3。

26　余思牧：〈語文教學如何聯繫實際〉，《漢華中學慶祝創校二十周年紀念特刊》，1958年，頁2。

27 文緝熙：〈談中學自然科教學〉，《漢華中學校刊》，1952 年，頁 16。

28 盧偉祥：〈在小學自然科中的實物教學〉，《漢華中學校刊》，1952 年，頁 20。

29 吳賢伯：〈在中國歷史課培養民族自豪感〉，《漢華中學校刊》，1958 年，頁 12。

30 盧偉祥、郭耀貴：〈摸索中的體育教學〉，《漢華中學校刊》，1952 年，頁 21 − 22。

31 李鴻舒：〈我們的教導工作〉，《漢華中學校刊》，1952 年，頁 4。

32 同上。

33 《漢華中學慶祝建校十八周年大會特刊》，1956 年。

34 〈新型的課外活動〉，《漢華中學慶祝創校二十周年紀念特刊》，頁 19 − 20。

35 《星島日報》，1955 年 6 月 6 日。

36 周奕：《香港左派鬥爭史》，頁 169。

37 《漢華中學創校二十周年紀念特刊》，1958 年，頁 3 − 4。

38 《漢華中學金禧紀念特刊，1945 − 1995》，頁 105。

第四章 ———————————— 1960—1966

眾志成城建新校
奮發啟步新里程

校舍巍峨　屹立香江　各界贊勵　義重誼長

愛國教育　暉照海外　奮發創新　傳統勿忘

——青蓮臺校舍基石誌文

六十年代是香港經濟起飛的時代，也是社會矛盾急劇惡化的時代。步入六十年代，香港的出口貿易反超轉口貿易。以紡織、成衣、塑膠、假髮、五金、鐘錶、玩具為主力的勞動密集型製造業，其成品的出口值，每年以 8% 的速度增長，推動着香港的經濟起飛。

六十年代，香港人口由 312 萬增長至 440 萬，其中 50% 是 21 歲以下的青少年，他們對教育的需求很大。政府雖致力推廣小學教育普及，但遠遠未能滿足需求，而且政策朝令夕改，混亂不堪。1962 年，教育司署把中文中學六年制改為五年制，另加一年預科。1963 年，政府發表《關於中小學改制政策聲明》，不顧教育界的強烈反對，把小學六年改為五年，入學年齡由 6 歲改為 7 歲，另外再加兩年的特別初中一、二年級，使畢業生年齡剛到 14 歲，以符合當時勞工法例的合法童工年齡。1965 年，發表《教育政策白皮書》，把小學改回六年制，入學年齡降回 6 歲，並提出要在十年內讓 80% 的適齡兒童入讀由政府資助的小學，其中 15% 的小學畢業生能升讀資助中學。

六十年代的小學教育尚未普及，中學教育更是一個缺口。1961 年，12 至 16 歲青少年在學率為 37%，至 1965 年是 40%。全港中小學學生有 70% 在私立學校就讀，15 至 19 歲的年輕人，只有 13% 在學。[1] 大量青少年不是成為童工，就是淪為街童，帶來嚴重的社會問題。

—— 一 ——
提高質量　穩步發展

1960 年新學期開始，漢華中學在以往發展的基礎之上，把「提高教學質量」作為首要的發展任務，具體措施是加強教學領導，重視備課及研究教材，健全科組，規定逢星期三下午為科組時間；在重視學生學習的同時，開展班級的文娛活動和全校性的各項競賽。1961 年，學校提出品德行為教育的具體要求：勤學習、守紀律、有禮貌、關心別人、尊敬長輩、友愛互助、明辨是非、愛國愛校；在教學方面，修訂各科教學大綱，改進習作指導和批改方法。1962 年，制訂五年制中學、六年制中學以及小學各科的教學大綱，公佈各科作業規格，並嚴格執行；加強直觀教學、增添教具，提高實驗課的效果。學生人數穩定增長，自 1960 年開始實行中學五年一貫制，日校學生人數增至一千人。大部份的中學畢業生留在香港工作或升學。

1962 年 2 月，學校獲教育司批准註冊成

立新的校董會。新的校董會由黃建立、李鴻鈃、李作述、諸兆庚、陸民燦等五人組成。黃建立擔任校監。

1962 年 12 月，慶祝校慶，舉辦開放日，向家長展示學生課業成績，包括試卷、測驗卷、習作。

────── 二 ──────
祝融毀校　浴火重生

1963 年 1 月 31 日（農曆年初七）凌晨 2 時 15 分，寒風呼呼，位於漢華中學樓下的華苑士多，因為電冰箱洩電爆發火花，引致店內儲存的烈酒燃燒，猛烈的火焰和濃煙迅速蔓延，霎時間，沖天火光把西環的夜空照得通亮，在學校內留宿的 15 位老師和職工，生命受到嚴重的威脅。

火災發生那一天，在學校留宿的老師和職工，不少是春節假期還沒有過完便提早返校開始新學期的工作。烈焰瞬即威脅到學校，在三樓的何泉首先被煙火驚醒了，立即爬起床，關閉窗戶，以免火焰從窗口燃燒到三樓的房間和課室。他也不顧自己身上只穿着單薄的衣服，冒着危險，由這邊的住房奔到對面的住房，又由三樓奔上樓上，他心裏想到的只是趕快通知老師離開這個危險的地方。

烈火迫近眉睫，濃煙和有毒的氣體即將停止人們呼吸的時候，走到天台的陳天才用斧頭把鐵絲網劈開一個缺口，隨即，郭耀貴以體育老師擅長的下跳動作，帶頭從高約 17 呎的地方，跳下鄰居的天台，於是李錦才、李潔儀、何泉、陳天才，一個接着一個勇敢和有信心地往下跳，逃離了火場！

被烈焰和濃煙圍困在三樓的老師，都聚集在一個比較安全的課室裏商議着如何應變。在校舍和隔鄰樓宇之間，隔着一道六、七呎闊而又深邃的天井，如何逃生呢？黃鴻伸猛然發現窗外對面騎樓的衣裳竹，他設法取得了四支，又從百葉簾解下了繩子，然後把它們綑綁在一起，這就成功地架設了一條「獨竹橋」。這時候，他不顧危險率先從竹橋上踩過去，固定竹橋，讓另外三位同事過來，他在那邊拉，關麟光和何漢浩在後面扶，合三人之力保護着另一位體重不輕，又年過五十的唐慶培過橋，隨後，何漢浩、關麟光相繼小心翼翼地過了竹橋，於是四個人一起脫離了險境！

五樓是禮堂，中間沒有間隔，沒有窗戶，周圍只有較高的半截牆作欄河，所以火勢特猛，情況亦非常危急，六位教職工都站在屋簷上，拋物件到街上，搖晃手中的衣物，等待救援。

THE NEW EVENING POST HONG KONG

新晚報

一九六三年
元月大
31
星期四
農曆正月初七日
天氣
本港電話：三一二四號
香港幹諾道中一二四號
香港軒尼詩道二三四號編輯部地址
電話：七七二三二六
香港有利印刷有限公司承印

下午四時出版

督印人任尹：先
第四四七九號
兩大張售港幣壹毫

山道大火近百人跳樓
災場迄午發現六屍
漢華校舍全燬　華苑七人斃

【本報消息】石塘咀山道十二號大火場，至今午已尋獲六具屍體，另一名失蹤者估計亦葬身火窟……

各界人士前往
慰問漢華師生

工商教育界人士及各界人士前往慰問漢華師生……

烈燄封梯驚險極
逃生全賴救生網

【本報消息】今晨二時二十分，石塘咀山道……

幸有人竹
及時發
否則住客更

被葬火場的老陳兩個兒子（左右兩人）大者為陳滿卓，十二歲，幼者為陳滿歪五歲。（中間兩小孩安然無事，只是其親戚。）

山道大火，烈燄冲天，救火喉交織成網。

陳焜旺繪

教職工逃生情況

然而，消防雲梯遲遲未展開拯救，袁細松只有一搏，從五樓屋簷躍下隔鄰樓宇，雖輕傷但得以逃出火海。消防員和雲梯終於在濃煙中出現，鄧德烈考慮到自己行動不便，堅持讓林少偉、劉帶、洪我樹三人先下雲梯，最後才與余金池一起走下。

至此，當天留宿的教職工全體得以安全脫險。

在爭分奪秒的烈火逃生過程中，15 位教職工急中生智，先人後己、相互扶持的可敬情操，着實使人動容。

大火發生後，黃建立校長和太太李月波迅速趕往現場，安排向救火的消防員獻上「有水放水」的慰勞金，[2] 但也只能眼睜睜看着熊熊烈火吞噬整幢校舍，痛心不已。烈火成災的當兒，動人的事例說也說不完。一位姓石的學生和他的家長，眼見脫險的老師、職工衣服穿得單薄，連忙脫下身上穿着的棉衣、皮衣，再飛奔回家多取一批衣服來。也有家長和街坊朋友特地從家裏送來熱茶、白粥、糖水……。幾個小同學，也把身上的一點錢，交給了老師。這時候，老師、職工、學生、家長似乎全都融和在一起，每一個人對待學校，就像對待自己的家一樣，令人感動至深。

這場大火，不僅令整幢大廈損毀嚴重，還造成人員傷亡。華苑士多一家五口僅一人倖存，二樓住宅化為焦炭，住客家園盡毀，鄰近兩百多戶居民也未能倖免，受煙火波及，其財物亦有所損失。漢華中學的校舍也受到全面破壞，三樓和四樓的課室因為有一道牆作間隔沒有燃燒，但已被濃煙燻成灰黑；五樓是重災區，圖書室、實驗室、禮堂和各種設備悉數盡毀，天花板和牆壁的外層脫落，地板變成高低不平，學校財物損失慘重。幸而，大火發生在春節假期期間，學校尚未開課，僅財物損失慘重，並無人員傷亡。[3]

大火當天，區內的福建中學慷慨地借出部份校舍給漢華作臨時辦事處。一群又一群的學生、校友、家長、教育界朋友和各界社會人士，終日不斷湧向臨時辦事處，表達他們的慰問和關懷之情。翌日，一千多名學生迅速地分批集合在臨時辦事處的天台，表示他們堅決與學校同甘共苦！有些班級的同學，主動寫決心書，表示竭力支持學校迅速復課！總之，一切都是為了恢復正常的上課。

黃建立校長帶領全體教職工，趁着春節假期尚未復課，一方面探訪學生家庭，安撫學生和家長的情緒，另一方面借用港島西區的中華、福建、育群、新中等友校的課室，安排千餘名學生分散復課。

2月3日，工務局以異乎尋常的速度解封火災現場，學校隨即展開校舍修復工作。2月11日，學生分批在福建中學天台舉行新學期的開學典禮，黃建立校長在典禮上宣佈：為了改善學習環境，滿足學生人數日益增加之需要，學校決定積極籌備自建新校舍，又勉勵同學勇於克服困難，努力學好功課。

校舍的修復工程在日以繼夜地進行着，白天，數十位來自泥水工會的工友爭分奪秒地施工，晚上，還有三四十位工友和家長自發到工地參加義務勞動，社會及教育界也紛紛伸出援助之手，捐贈物資。修復工程只用了23天便順利完成。2月25日，全校師生員工重返山道校舍上課，煥然一新的校舍，更為完善的設備，吸引了一百多名新生入讀。

從火災發生那一天起，三天後火場解封，23天後損毀嚴重的校舍完成修復，學生重回上課，災後更增加了一百多名新生，真堪稱是一項又一項奇蹟。

1962／63學年的教學成績取得了顯著的進步。全部高中畢業生參加中學會考，平均合格率達到80.6%，超過全港學校的平均比率（76.5%），並獲得10個優異，22個良好。[4]

火災翌日師生在福建中學天台聚集表心意

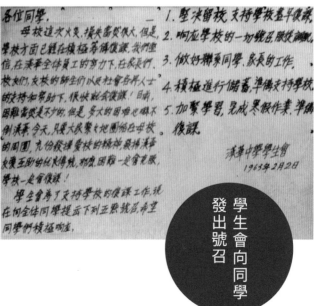

學生會向同學發出號召

——三——
眾志成城　籌建新校

籌建新校　迫在眉睫

　　經歷了這次火災，學校意識到必須徹底解決校舍問題，乃決定積極籌備自建新校舍。1963年3月23日，學生家長、教師、校友和各方面的熱心人士，共同成立了「漢華中學建校基金籌募委員會」（下稱「建校籌委會」），成員包括主任委員黃建立，副主任委員湯秉達、梁燦輝、陳伯流、許子奇、謝鴻惠、陳思齊、莊佐賢、顏期仁，及其他委員共40人。籌委會決定將籌款目標定為50萬港元。

　　漢華中學校友會為了支持母校籌募建校基金，於8月及12月在大會堂音樂廳舉行音樂舞蹈義演，先後演出三晚，場場滿座。晚會的主要節目為校友會舞蹈組集體編導的大型舞劇《晚霞》、《鄂爾多斯舞》、《苗胞婚禮舞》、《花傘舞》；還有男女聲小組唱、二胡獨奏和手風琴合奏等。電影藝術界的石慧小姐、張錚先生也在義演上表演了獨唱，華南影聯民族管弦樂隊和音樂愛好者合唱團進行了演奏和獻唱。校友會這次義演，得到各界鼎力支持，並得到王寬誠、白燕、朱石麟、李崧、吳楚帆、沈天蔭、周康年、孟秋江、邱文椿、高卓雄、夏夢、陳丕士、陳伯流、麥逢德、張活游、湯秉達、傅奇、費彝民、廖一原、劉芳、劉衡仲、謝鴻惠、黎草田、趙一山等47位社會知名人士擔任顧問。

華南影聯民族管弦樂隊義演

校友會舞蹈組演出舞劇《晚霞》

在師生、家長、校友、友校以及社會人士的熱烈支持下，籌募工作非常順利，截至1964年6月，實際收到的捐款已超過45萬港元。

面臨迫遷大限

六十年代初，隨着香港人口增長和工商業發展的需求，市區內興起拆卸舊樓，改建為高層住宅或商業樓宇的熱潮。在一片「拆舊建新」浪潮中，很多租用物業辦學的私立學校被迫遷。1963年，單是西區內面臨被拆遷的私立學校就有十多所。

1963年11月11日，漢華中學所在樓宇的業主出售業權，新業主發出遷拆通知，他們

不接受校方「給予兩年寬限期」的請求，安排租務法庭裁判搬遷時限。漢華中學委託代表律師致函教育司及租務法庭，陳述現有校舍建築物仍屬堅固良好，並非危樓，而新校舍籌建工程需時日才可完成，請求給予兩年寬限期，使日夜校千多名師生的教學不致霎時中斷。

1964 年 6 月，租務法庭作出裁決：漢華中學須於 1965 年 8 月底遷出。這項決定，意味着學校只有 14 個月的時間另覓地方辦學，這對於學校是一項極大的挑戰。漢華中學被迫遷的消息被各大報章廣泛報道，引起了社會的關注。

6 月 30 日，漢華中學家長教師聯誼會主席陳思齊，副主席梁燦輝、蘇子潛，常務理事李秉培、陳孟三偕黃建立校長和夜中學李鴻舒校長，前往教育司署與教育司簡乃傑（Canning）會晤。他們遞交函件，口頭申說廣大家長對於學校被迫遷問題極度關注，並要求教育司協助新校舍的籌建工作。對此，簡乃傑表示「理解你們的意見，也體會到學校的困難」；對於租務法庭的裁決，簡乃傑認為判決「只是向港督提出建議性質」，「保證把你們的意見和我的意見轉達負責決定的當局。」[5]

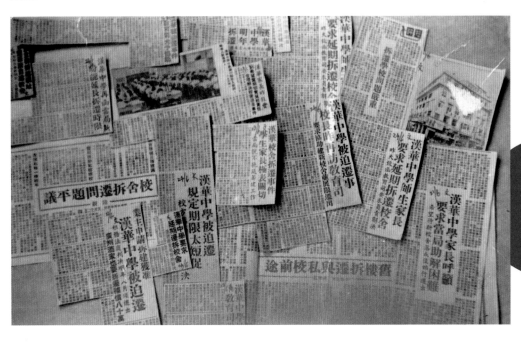

社會各界關注
漢華反迫遷的
事態發展

7月1日，《文匯報》報道了漢華中學代表往訪教育司的新聞，又發表〈認真幫助漢華中學〉的短文，肯定教育司署對漢華中學拆遷事件的正視態度。7月3日，該報發表〈校舍拆遷問題評議〉，建議港府「盡量放寬對新校址建築的某些限制及盡量給予迅速建校的方便」，「對於有自建校舍能力的，應當延長遷出的期限，以便於新舊校舍的交接」。[6]

漢華中學雖然受到迫遷時限的困擾，但全體員工上下一心，堅持改進教學，提升教學效能，校務得以持續發展。1964年7月，中小學畢業典禮假西環高陞戲院舉行，應屆高中（第十五屆）畢業生42名，小學（第十九屆）畢業生94名，共136名。在畢業禮致辭中，黃建立校長重申教育當局應該擔負起推廣教育、保障私立學校校舍租權的責任。

8月21日，《港府憲報》正式確認租務法庭的裁決時限。漢華中學雖然在7月中已經購買了四幢位於區內青蓮臺的戰前唐樓作建校之用，但按照慣常的程序，由購買物業、遷走住客、審批圖紙、清拆舊樓、平整地基、上蓋施工、裝修入伙，非要兩至三年不可，而漢華中學只有一年的搬遷期限，要在新學年建成新校舍並開課，簡直是不可能的事。

各方支援　爭分奪秒

1964年9月，新學年開始，為滿足家長的需求，中學部增加了兩班，學生達八百多人，小學部學生也增至五百多人，全校學生共一千三百多人，進一步加重了校舍的使用負擔。

迫在眉睫的建校工程，激發了廣大師生員工、家長和社會人士的鼎力支持。家長教師聯誼會召開擴大會議，發出「告全體家長書」，呼籲家長同心協力支持新校舍工程。建校籌委會隨即委託陳洪業建築師及聯豐建築公司承擔新校舍的設計和興建工作。

12月，建校籌委會擴大組織，邀請家長港九工會聯合會會長陳耀材和勞工教育促進會主任麥逢德、建築師、建築公司等各界代表30人加入。建校籌委會繼而成為一個團結各界力量的委員會，開始了第二階段籌募工作。

中學部同學義賣早餐

當時的香港經濟接連遭挫，形勢嚴峻。1964 年發生連串的銀行破產和擠提，使不少升斗市民蒙受損失，血汗積蓄化為烏有，也打擊了中小企業的運營。1965 年，西方國家實行保護主義，限制紡織品入口，大大打擊了香港的紡織和製衣工業，不少工廠停產，工人被解僱。建築行業也陷入低潮，市面一片蕭條，而物價卻猛升，市民的生活百上加斤，不堪重負。

儘管如此，建校籌委會還是經過不懈的努力，五個月內籌得五十九萬餘元，連同第一期的籌款共計 109 萬元，基本上解決了新校建設的經費。籌款工作可以順利完成，體現了愛國力量的壯大以及社會大眾對教育的熱切支持，在籌得的資金中，單是各行業工人的捐獻就達二十餘萬。

1965 年 1 月中，新校舍的建築設計圖則獲工務局批准，教育司署對校舍各項設施的設計表示滿意，新校建築工程得以開展。學校特致函教育司表示感謝，並請求繼續給予必要的協助，使新校舍能在秋季內建成。校址的原住客為建校工程作出很大犧牲，他們自願提前七個月遷出，使拆建工程得以提前半年進行。

2 月 26 日，建校地基工程正式啟動，由於青蓮臺位於西環七臺靠近半山處魯班廟旁，與半山薄扶林道及海傍山市街相連接，上落僅靠陡斜的石級，車輛不能直達，交通運輸十分不便。新校舍地基工程需要挖填的土方和混凝土超過 800 萬立方呎，所需鋼筋全靠人力擔抬運送，工程浩大艱鉅。施工的全體建築工人抱着支持愛國進步教育事業的熱誠，不惜冒大雨、開夜班，奮力趕工。學校的教職員工及家長到工地慰問工友，並參加義務勞動。在建築工人不畏艱苦的努力下，地基工程只用了 40 天便完成，比預定日期提早了 20 天。

1964 年 12 月，學校首次舉行各業職工家長招待會，以加強與家長的聯繫，並推進建校籌款工作，到會家長三百餘人。……

招待會上，有新校舍的建築圖則及新校舍大廈的模型陳列，還有遊藝節目助興，贏得滿堂掌聲。這些節目，大部份是我校師生在短短數天內創作和排練出來的。表演節目包括唱遊、粵曲、合唱、舞蹈和夜中同學的表演唱等。其中小一班的數白欖「儲蓄豬仔咚咚響」，音樂組的合唱「建新校」，和小學部演唱的「多謝工人叔叔」，最受家長們的歡迎。

「多謝工人叔叔」有這樣兩段：「多

家聯會代表到工地慰問工人

二十位女星為校友會籃球義賽剪綵

師生校友家長參加建校義務勞動

謝工人叔叔，支持我哋起大屋。工人開會來商量，見義勇為熱情足。捐冊領咗好幾萬，立即分發行動確迅速。好多工會被迫遷，先行讓路幫我哋把款來籌足；工人生活好艱難，為咗捐款寧願把衣食縮。先人後己嘅精神，人人都敬服。」「……叫聲阿叔叔，我哋決心認真把書讀。學習你哋嘅行為，見義勇為不畏縮，全不計較到個人，專門為人謀幸福。」

——〈多謝工人叔叔〉，
《漢華校慶特刊》，1964 年 12 月，頁 3

　　3 月 7 日，校友會在伊利沙伯青年館舉行三場籃球義賽，分別由香港甲組男子籃球隊對公民，華南影聯男、女隊對校友會男、女隊。

全場座無虛席，星光熠熠。張瑛、石慧主持開球禮，白茵、梁珊、杜菁、王小燕、陳娟娟、朱虹、苗金鳳等 20 位女星主持剪綵及義賣。整個義賽過程精彩異常，在場觀眾不時發出持久的掌聲和歡笑聲。義賽圓滿成功，誠如影聯男子隊隊長傅奇所言，「我隊打球技術性不能保證很高，但可以保證娛樂性很強，其為漢華賽球的心意，那就與親愛的觀眾們人同此心了。」[7]

4 月 7 日，新校舍展開建築整體框架的工程，工人們用平均七天半建成一層樓的速度，高效施工，確保新校舍能在秋季開學時使用。5 月 2 日早上，漢華中學新校舍奠基禮在青蓮臺工地隆重舉行，參加典禮的各界嘉賓和家長、校友達一千餘人。那天，新校舍已興建到第四層，當嘉賓們第一次踏入新校禮堂時，無不露出興奮之情。黃建立校長主持奠基禮並報告籌款建校及工程進展情況，陳耀材、巫晉舒分別代表建校基金籌募委員會及家長教師聯誼會致辭。在新校舍的奠基石上，刻有蒼勁的隸書銘文，在陽光照耀下閃閃發光：

校舍巍峨　屹立香江
各界贊勵　義重誼長
愛國教育　暉照海外
奮發創新　傳統勿忘

7 月 4 日，漢華中學第十六屆、小學第二十屆畢業禮假香港大會堂音樂廳舉行，小學畢業生 77 名，中學畢業生 104 名，其中舊制（六年）畢業生 37 名，新制（五年）畢業生 67 名。小學畢業生大部份留校升讀中學，新制中學畢業生中許多升讀中六。黃建立校長在致辭中，宣佈新校舍將於 9 月新學年啟用，屆時學校會擴班招生，增設幼稚園和中六級，漢華中學將邁向新里程。全場嘉賓、師生員工和家長無不感到興奮鼓舞。

7 月中旬，學校先後舉行了兩次新生入學考試，招收各班級新生，報名考生達八百餘人，非常踴躍。

8 月 12 日，新校舍全部上蓋工程竣工，馬上開始了內部裝修。新校舍由挖地基到竣工，僅用了五個半月，實在是奇蹟，它滿載着建築工人的汗水和對愛國教育的支持，也有學校師生家長的投入參與。據統計，在施工期間到工地參加義務勞動的人數超過一千人，其中有百餘人參加達十次以上，他們的無私奉獻加速了工程進展。

全校同心　協作遷校

8 月 17 日，漢華中學全體教師、職工及學生數百人，個個精神煥發，意氣昂揚，投入到

黃校長與聯豐建築公司職工在奠基禮合照

黃校長主持奠基

為時三天的遷校義務勞動中。全體人員分為三隊，第一隊把舊校舍的物資搬上貨車開往山市街街口卸下；第二隊排成人龍，利用書桌聯成一行列，排放在二百多級的石板上，利用光滑的桌面作臨時運輸帶，再把物資送往半山上的新校舍；第三隊在新校舍門口，將物資輸送到各層樓去。精壯的中學同學，來回上下梯級，把傢俬、桌椅搬到新校舍；高小的同學負責送茶遞水、分發麵包。幾百人投入遷校勞動，人人幹勁十足，啦啦隊在場打氣，豪邁的歡笑聲

此起彼落，場面壯觀動人，令旁觀的坊眾大為感動，紛紛讚賞漢華中學師生同心協力、不怕勞累的集體精神。

遷入新校舍後，全校老師員工迅速投入緊張的工作，佈置校園、編排班級和組織教學。家聯會和學生會的成員也積極參與到校園的佈置中，務求把新校舍佈置得大方、美觀、活潑，讓同學們在新學年開始時有一個愉快的學習環境。

—— 四 ——
奮發創新　啟新里程

新的里程

新校舍矗立西區。它的建築根據適用、經濟、大方的原則設計。樓高九層，地下及二樓是禮堂與辦公室，每層有五個課室、一個教師辦公室、眺台及寬闊的走廊。全校共有 32 間光線充足、環境良好的課室。九樓設有三個實驗室，天台是運動場地。此外，還有會議室、播音室、電梯等設備。校舍門前有一片寬 30 呎的空地，可供課餘休憩。新校舍的環境清幽，空氣清新，鳥語花香，宜於學習。校舍可使用面積共有 4 萬平方呎，比山道舊校舍增加一倍，解決了環境擠迫和火警安全的問題。[8]

1965 年 9 月 4 日，新學年在新校舍開始。全校從幼稚園至中六共 36 班，學生人數激增至 1,600 人，包括中學部 1,000 人，小學部 600 人，學生總人數比上學年增加了約三分之一。連同夜中學計算，全校學生人數達二千餘人。學生當中有不少來自長洲、元朗、上水等偏遠地區，每天不辭辛苦，奔波往返。

開學禮的早晨，陽光普照，彩旗飄揚，五星紅旗在新校舍籃球場升起，全校師生喜氣洋洋，以無比興奮的心情，迎來在簇新的校舍上課的第一天。黃建立校長在開學禮致辭中說：「新校舍的建成，標誌着我校進入一個新的發展階段。……在大發展的基礎上，我們必須奮發創新，大力提高質量，繼續加強思想教育，改革教學工作，並且相應地全面改進業務，同時必須發揚優良傳統，堅持勤勞樸素作風，進一步把學校辦得更好。」[9]

> 把德育放在首要的地位
> ……
> 我們首先要使學生明確生活的目的是甚麼，如果生活目的不明確，我們就不容易使他們真正認識遵守紀律、謙遜有禮、不賭博、不吸煙、不打架等等行為的意義。這樣，自覺性是很難培養起來，也就很難

抵抗不良風氣的習染。學生學習積極性的提高，也必須首先貫徹思想教育。一個學生，如果明確了學習的目的，他就能勤學苦練、刻苦鑽研，主動積極去學習，爭取成績的提高。文體活動，不能單看成是調節課餘生活和技術的培養，更重要的是思想品德的鍛煉。如果單從技術培養出發，容易使學生產生錦標主義的思想，不但於身心無益，反而妨礙了身心的發展和學習的提高。練歌、練舞、練球的目的，應結合練人的目的，才能收到全面發展的效果。

進行思想品德教育，我們是以正面教育為主，着重啟發學生自覺去接受。我們的經驗是：（一）教師進行教育的時候，必須了解學生的思想情況，有的放矢，才能生效。（二）運用同學之間的自我教育，同學之中的具體事例，最具啟發性，是生動活潑的教育材料。（三）經常表揚好人好事，盡量運用總結會、黑板報、週會等形式來進行。（四）教師本身的行為教育很重要，我們必須做到言行一致，以身作則。

……

改革教學 提高質量

……

（一）各科教研組着重研究教材的處理，加強備課。教師既要考慮學生的實際水平，也要考慮學生的思想特點，這樣才能使學生的成績得到真正的提高。（二）着重提高中、英、數三個主要科，特別是語文科，是學好一切功課的基礎，要加強課外閱讀及基本功的訓練。（三）改善考試制度，主要是幫助同學認識不要只為分數而讀書，考查成績着重基本知識，圖、音、體不考試，只評平時成績。史、地、生物科分段進行測驗，不列入考試時間表內。（四）發揮學生自覺主動的學習積極性是提高學科成績的主要關鍵。有些學生懶散，不願學習；有些學生在學習上遇到困難，便採取放棄的態度；有些學生只滿足於分數合格，馬虎了事，得過且過。遇上這些學生，教師就必須耐心地去幫助他們重新認識學習的目的，鼓舞他們去克服困難，才能有所上進。（五）教學方法用啟發式，要充分運用學生的已知經驗，要善於提出新的問題，讓他們獨立去思考，這樣才能使學生學習思想活躍起來。

……

——《漢華中學校刊》，
1965 年 12 月，頁 2

寶龍臺上的遷
校運輸隊

新的發展

學生倍增

　　1966 年 7 月 2 日，中學第十七屆、小學第二十一屆、幼稚園第一屆畢業典禮，在大會堂音樂廳舉行。首屆中六結業禮亦同時舉行。應屆畢業生共有 226 名，其中中學部 102 人、小學部 84 人、幼稚園 40 人。黃建立校長在致辭中宣佈，下年度繼續擴班招生，並計劃設置宿舍、購備校車，照顧家居偏遠的學生。

　　7 月 25、26 日，夜中學畢業典禮在大會堂劇院舉行，應屆中學初中和小學畢業學生共八十餘人。夜校自 1958 年創立以來，已發展至中小學 13 班，學生五百多人，其中 70% 是青少年職工。在新學年已取錄一百多名新生。

　　1966 年，全港 12 至 16 歲適齡中學生有 42 萬，但僅有 17 萬入讀中學，在學率僅為 40%。由於全港中學學位嚴重短缺，而漢華中學的辦學質量高、口碑良好，收取的學費是小學和初中每學年 320 至 360 元，高中 400 元，與官立和補助學校看齊，所以大受歡迎，報讀人數大增。

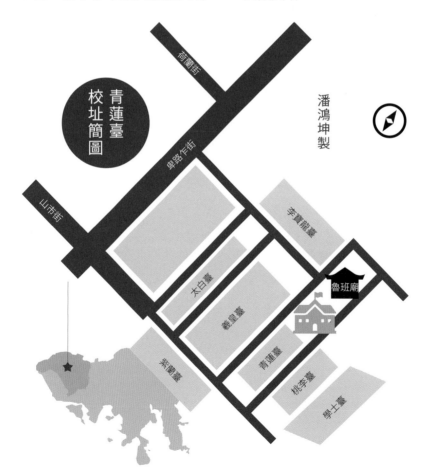

青蓮臺校舍第一個升旗禮

青蓮臺校舍第一個開學禮

1966 年 9 月新學年開始，中學學生人數增加近一倍，總數達二千五百餘人（中學部一千多人，小學部八百餘人，夜中學六百餘人），青蓮臺新校舍開始飽和。為了滿足廣大青少年就讀的需要，在西環卑路乍街 150 至 156 號二樓全層，增設小學分教處，辦理幼稚園及小學低年級。該處設上、下午共六班，招收學生二百五十餘人。

為繼續擴班招生和增加學生活動場地，學校又租賃青蓮臺 16 號全座作為小學第二分教處，設有課室五間，可增收上、下午班學生三百餘人。

學校亦購置一輛大型校車，行走於西環、中區、半山區、灣仔、香港仔、薄扶林區，接送低年班的學生往返。

關心社群

1966 年 6 月中旬，香港發生 80 年一遇的暴雨，造成很大的人員傷亡和財物損失。漢華的師生、職工，分別前往各災區慰問受災的家長、學生，贈送救濟金，協助清理受災現場、道路等，還替香港仔的十多名學生解決了暫時居住的問題。

6 月底，西環寶龍臺發生一場火災，有四戶家庭受影響，師生十餘人即在凌晨二時趕往現場援救，並接受災的街坊回校住宿。翌日清晨，家長教師聯誼會即贈送了一筆救濟金。

這些行動，體現了漢華中學師生職工和家長之間形成了「互相關心，互相愛護，互相幫助」的風尚，也讓師生在實踐中受到深刻的「關心社會，服務社群」教育和鍛煉。

體藝齊飛

學校提倡「體藝活動比翼飛」，積極指導青少年開展體藝活動，既增強學生體質，鍛煉意志，又能調節課餘生活，提升生活情操。方針得到家長的支持，捐贈樂器、物資，使學校的體藝活動得以壯大。

學生每天必須參加早操和眼保健操。每日早晨，還有上百的同學自動參加早跑鍛煉身體。每年的校運會，每班差不多 95% 的學生都參加競賽，效果很好。全校先後成立了舞蹈、合唱、朗誦、中樂、管樂、口琴、手風琴、美工、乒乓球、籃球、技巧、田徑等十餘組，全校參加人數，中學部有五百多人，小學部有 200 人。每周三、六下午，在教師指導下分組進行活動，可說是活躍的、蓬勃的。乒乓球、羽毛球和康樂棋，更是同學們課餘時間最喜好的活動之一。

手風琴隊成立於 1959 年，由徐肇輝老師教授，最初只有五名隊員。1962 年，原隊員

教職員在新校舍天台合照

班主任帶領學生探訪受風災
影響的同學並協助清理災場

何永海畢業留校任教，接手訓練，發展成為有二十多名手風琴、低音提琴、敲擊、長笛、小號、中音號、長號、大號和響板等共三十多名隊員的大樂隊。自 1960 年起參加校際音樂比賽，六次贏得冠軍，被形容為「陣容強大，能充分發揮集體合奏的威力，演奏樂曲時節奏分明，有一氣呵成之妙，有着一股爭取集體榮譽的激情」。[10]

1966 年，由 21 人組成的中樂隊，在關麟光老師指導下，第一次參加校際音樂比賽，以一首《向陽花》獲得季軍，得到音樂家東初撰文表揚，說漢華中學的演奏「有新的形式、新的表現，創立了另一種比較活躍的演奏風格」。此外，手風琴隊再獲冠軍；蘇哲甫獲高級組二胡獨奏冠軍，黃景洲獲笛子獨奏亞軍，歐陽貫鴻（高級組二胡獨奏）、黃國興（初級組二胡獨奏）和蔡德向（高級組笛子獨奏）同獲季軍。

由鄭偉容老師帶領的舞蹈組在 1966 年首

手風琴隊
六奪桂冠

次參加校際舞蹈比賽，以中國民間舞蹈《採茶撲蝶》獲得中學組東方舞冠軍。評判大加讚賞，認為：「一般表現極佳，姿態活潑，步法純熟，整個演出多采多姿。」其後，舞蹈組應邀參加港九婦女、銀行、貿易、新聞等各界的演出，也在「麗的映聲」表演，受到節目負責人陳寶珠小姐（香港芭蕾舞學校校長）致函讚賞。[11]

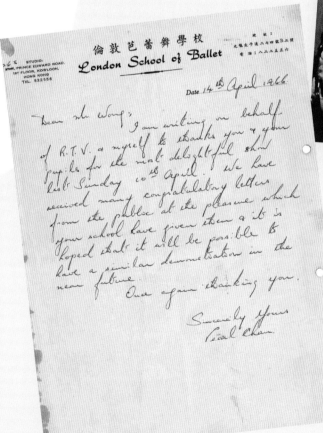

一九六六年獲得中學組東方舞冠軍的《採茶撲蝶》

家校同心

漢華自創校以來，家長在學校一直擔當着主人翁的角色，把學校的事當成是自己的事。創校初期，學校經濟困難時，家長經常到校主動協助維修課室、傢俬，捐贈金錢、首飾，支持學校粉刷校舍，積極參加學校的懇親會，教育孩子尊師愛校。

1957 年，家長教師聯誼會成立（簡稱「家聯會」），家長和學校的關係更為密切，合作更頻密了。在學校遭到教育當局不合理待遇時，家聯會便帶領家長緊緊團結在學校周圍，支持學校，與教育當局據理力爭；校舍被焚，工人搶修，家長多次慰問教職員和工地工友；學校遭迫遷，家聯會與學校、校友會成立委員會為籌建新校出錢出力。自成立以來，會員不斷增加，形成強大的家校合作力量，每年都向學校捐助資金，以作添加設備或獎勵同學之用。1967 年 1 月 7 日，家長教師聯誼會召開會員大會，修改會章，擴大理事會成員人數。1 月 24 日，一位僑居印尼的家長，捐贈助學金 1,500 元，表示支持愛國教育，給了學校很大的鼓舞。*12*

漢友情濃

漢華校友遍及祖國大地和港九企業機構，他們繼承並發揚母校光榮傳統，為國家、為社會作出貢獻。自 1958 年校友會成立以來，會務日有發展。校友對母校的發展極表關懷，1963 年學校遭到嚴重的火災和迫遷，校友會先後舉行音樂、舞蹈義演、籃球義賽，為母校籌款不遺餘力。慶祝二十周年校慶的兩晚大會上，他們表演了舞蹈和小組唱，都是在工餘抽空排練出來的。

1966 年 8 月 12 日、13 日，校友會藝術組一連兩晚在大會堂音樂廳舉行音樂、舞蹈匯演《幸福河之歌》，表演分為三幕六場，參加演出的校友共 200 人。此外，還有手風琴大合奏、中樂合奏、男女聲小組合唱、獨幕劇等節目。漢華校友組成的漢友籃球隊，獲得香港籃球聯會頒發「全港最佳體育精神獎」。校友會的活力，反映了漢華校友人才濟濟，緊密團結。

校慶盛會

1965 年是漢華中學立校的二十周年，全校師生興高采烈地籌備紀念活動。校園充滿了節日氣氛，師生們全情投入到佈置校園、排練節目、編輯特刊等工作中。四百多位同學和老師積極排練大型綜合節目《漢華之歌》，緬懷學校 20 年來走過的崢嶸歲月。

12 月 23 日晚上，全體師生員工在大會堂

音樂廳舉行隆重的二十周年校慶大會。黃建立校長致開幕辭，回顧學校 20 年來經歷的困難和取得的成就，對開拓愛國教育事業的前輩們表示崇高的敬意，感謝 20 年來家長及各界朋友的支持，並號召全體師生員工「更加團結一致，發揚優良傳統，大膽創新，改進工作，提高工作質量，以新的成績迎接新的發展」。[13]

校慶晚會上有遊藝節目助興，壓軸節目是師生集體編創的大型綜合節目《漢華之歌》，被大家認為是最有意義的獻禮。《漢華之歌》連續三晚在大會堂演出，招待家長及各界來賓。26 日，員工校友在校內大聚餐。一連數天，舉行各種慶祝活動，迎接 1966 年的到來。

> 《漢華之歌》是一個五場的大型節目，採用朗誦、歌唱、舞蹈等綜合的形式。
>
> 劇本的創作，是我校行政、教師、學生三結合，發揮集體研究，並在反覆討論過程中，克服了創作上為歷史而歷史的自然主義傾向，克服了怕幼稚，怕藝術性不高等思想顧慮，在劇本的主題思想要求下，大膽地展開了寫作活動：寫朗誦詩，寫歌詞、歌曲，寫樂譜、配樂譜以及創作舞蹈等等，改變了以往過份依賴唱片排演的情況。

> 《漢華之歌》的演出，最大的收穫不在於藝術上的成就，而是在排練過程中貫徹了「排戲又練人」的要求，使所有演員、工作人員和全體師生受到了一次深刻的愛校教育和優良傳統的教育。參加這個演出的演員、前後台工作人員，共有四百多人，其中不少是新同學和平時很少參加活動的同學，他們都意氣昂揚地走上了舞台，表演自己的學習和生活。在排練場上，同學之間充分表現出互相關心，互相幫助和互相學習的精神。在演出場上，出現了許多先人後己，任勞任怨，一心為別人服務的前後台工作人員。一些技術水平較高的演員，也克服了驕氣、嬌氣，虛心地勤學苦練。因此，我們能夠在只有兩個多星期的時間裏，就順利地完成排練和演出這樣規模的綜合性節目。這是近年來我校文藝活動中，執行「練功先練人，練人先練心」的一次勝利檢閱。
>
> ——編導組，
> 〈《漢華之歌》演出前後〉，
> 《漢華校刊》，1966 年 7 月，頁 3

《漢華之歌》獲得很高的評價。一位專業音樂評論員在《文匯報》撰文，表揚演出「使

師生集體編創
大型綜合節目
《漢華之歌》

人對音樂的創作看到了可喜的生機。漢華的師生發揮了敢想敢幹的精神，演出了自己的作品，使人感覺到裏面的純真，分享他們的喜悅。從生活中提煉出來的藝術作品，定能打動着每個人的心」。[14]

編者按：去年 12 月，在香港《文匯報》副刊「音樂」專欄裏，綠沛發表了一篇題為〈漢華之「歌」〉的文章，全文長 1,500 字。對於我校慶祝二十周年校慶的演出，作了一些評介。現將該文摘要刊出：

聖誕假期內，有機會觀看了漢華中學慶祝二十周年校慶的演出，這次演出雖然不是公開的，但也招待了不少各界人士，這和他們廣泛的社會基礎是分不開的。

漢華的課外文娛活動是比較豐富多采的，學生在課外活動中充實了文娛生活，提高了生活情操，這種做法是值得稱許的。

《漢華之歌》是漢華師生的集體創作，無論舞蹈、音樂、詩朗誦都是他們在很短的時間內排出來的，他們這種敢於創作、敢於演出的精神是可貴的，也是他們取得成功的保證。漢華的發展是港九各界目睹的事實，他們這次把自己發展過程中所經歷的艱難困苦、獲得支持、援助以藝術形式公諸社會，是一個大膽的嘗試。

音樂方面，他們由一個合唱團和一隊樂隊擔任。從歌詞、歌曲和樂曲看來，很多都是他們自己的創作。他們已動員了一切可能的樂器來為這個演出服務，一間私立的學校能夠組成這樣的一隊樂隊已經是難能可貴的了。在接近一小時的演出裏，不停地奏、唱，沒有一定的基礎是不可能完成這個任務的。

創作歌曲方面，為了適合他們的內容、主題的需要，寫了不少歌頌他們母校的歌，也有不少表現一定場景的音樂。譬如火災時的幾首合唱獨唱便頗有表現力，結尾的合唱也節奏鮮明、調子鏗鏘，舞台上勞動時的配樂，也充滿了勞動的愉快心情。

這次的演出，使人看後充滿希望，對於音樂的創作也看到了可喜的生機。為了表現主題，漢華的師生發揮了敢想敢幹的精神，從事創作，為了表現愛國教育事業獲得發展的喜悦，漢華的師生演出了自己的作品。雖然粗糙，但使人感覺到裏面的純真；雖然簡樸，但使人分享了他們的喜悦。毫無疑問，從生活中提煉出來的藝術作品，定能打動每個人的心。我們衷心希望，這種創作能在各方面廣泛開展，豐富起香港的藝術園地……。

——綠沛，〈漢華之「歌」〉，
《漢華校刊》，1966 年 7 月，頁 3

結 語

突然的大火焚毀了校舍，26 天完成修復上課，還增加了逾百新生；重修的校舍又逢業主迫遷，法庭只給予一年時間搬遷；要籌款、覓校址、繪製建築藍圖，加上施工進度緊迫，都需要和時間競賽；在無交通直達並要爬二百多級石階的青蓮臺建校，要面對建築材料和遷校物資運送的極大困難。雖挑戰不絕，卻只用上不足一年的時間，新校舍矗立在青蓮臺上。漢華創造的一個又一個奇蹟，正是師生家長校友不畏困難、團結愛校精神和社會各界人士愛護漢華的隆情厚意的體現。

1　《香港年報》，1966 年。

2　這是當時流行的一種習慣，認為要給消防員慰勞金，他們才會落力滅火。

3　《漢華中學畢業典禮特刊》，1964 年 7 月。

4　《漢華中學畢業典禮特刊》，1964 年，頁 2。

5　《漢華中學畢業典禮特刊》，1964 年 7 月，頁 4。

6　《文匯報》，1964 年 7 月 1 日、7 月 3 日。

7　《漢華中學特刊》，1965 年 7 月，頁 3。

8　《漢華中學畢業典禮特刊》，1964 年，頁 2。

9　《漢華中學校刊》，1965 年第 2 期，頁 1。

10　手風琴隊曾應邀參加百利唱片公司的音樂會演出，也曾到麗的映聲（有線電視台）演出。

11　《漢華校刊》，1966 年 7 月，頁 4。

12　《漢華校刊》，1967 年 1 月，頁 4。

13　《漢華中學校刊》，1965 年第 2 期，頁 1。

14　《漢華中學校刊》，1966 年 7 月，頁 3。

跨越風暴更堅強
服務漁農拓宏圖

一個集體的凝聚力，

不是一朝一夕能夠形成的，

它需要許多時間，

許多平凡和不平凡的經歷，

才能逐步形成。

漢華的凝聚力在於她是一個愛國的集體，

她有明確的教育目標和辦學宗旨。

她能把有志者吸納進來。

——諸兆庚

在六十年代香港經濟起飛的同時，社會矛盾惡化日甚，民怨積累日深。全港一百四十多萬居民住在被稱為「兔子窩」[1]的公共房屋中，居住環境擁擠，而且交通不方便，另外五十多萬人則住在山邊木屋。[2]政府實行「放任不干預主義」的管治政策，漠視工人權益和弱勢社群的福利，工人在環境惡劣的「血汗工廠」中謀生，忍受資方種種不合理的待遇，得不到勞工法例保障。因此，工人透過罷工爭取改善待遇，勞資糾紛頻生。[3]社會貧富懸殊嚴重，工人工資增長追不上通貨膨脹，生活艱辛。政府粗暴施政，官民關係疏離，缺乏溝通。政府官員貪污成風。1964年初的銀行擠提風潮，令升斗市民蒙受損失。1966年4月，政府罔顧民生困苦，批准天星小輪加價5仙（俗稱「斗零」），加幅達25%，觸發一場社會騷亂。[4]事後政府發表的《九龍騷亂調查報告書》指出，事件與政治無關，乃是失學年青人對社會的不滿引發，並且提出警告：社會矛盾已經到了衝突爆發的臨界點。[5]與此同時，世界各地的民族解放、反殖民統治、反帝國主義、反越戰、反種族歧視、爭民權等群眾運動風起雲湧，也催化了香港民眾爭權益的覺醒。

——— 〇 ———
六七風暴　堅定跨越

1967年，正是漢華中學昂首闊步踏上新里程的時候。2月，學校參加校際舞蹈比賽，高小舞蹈組以《拔蘿蔔》獲東方民間舞冠軍，中學舞蹈組則以《弓舞》獲冠軍。在校際音樂比賽中，手風琴隊以《我們走在大路上》獲合奏亞軍。5月4日青年節，學校參加各界慶祝大會，演出大型綜合節目。

1967年5月中，香港社會歷年積累的矛盾和民怨，藉着在九龍新蒲崗的一宗塑膠花廠工潮被警察暴力鎮壓而爆發，迅速蔓延成為群眾性的社會騷亂；[6]港英政府以緊急法令和武力鎮壓，暴力打傷打死群眾，[7]引發更大的對抗。同時，因受到內地「文化大革命」思潮的影響，民眾與港英政府的對抗蛻變成為一場激烈的「反英抗暴」運動，這是香港自1945年以來規模最大、歷時一年多的社會動盪。[8]

漢華師生支持工人的和平抗議活動。面對港英當局的武力鎮壓，部份應屆高中畢業學生出於義憤，放棄了參加當年的中學會考。[9]鑒於社會動盪，原定於7月舉行的畢業禮也被迫取消。8月4日，擔任「港九各界同胞反對港英迫害鬥爭委員會」副主任委員的黃建立校長，

在家中被港英軍警無理拘捕，未經公開的法庭審訊而被囚禁在港島摩星嶺關押政治犯的集中營。[10] 學校教職員工和高年級同學二百多人在校內集會，要求釋放黃校長。

黃建立校長被捕後，李鴻舒出任代校長，組織老師在暑假中分散到各區，探訪和輔導學生，撫平他們面對時局動盪而產生的不安情緒。有部份老師還住在學生的家裏，組織同區的漢華學生補課。[11]

1967年9月2日，新學年開始，中學部學生增加了二百多人。在開學禮上，李鴻舒代校長重申當局應立即釋放黃建立校長。

1967年底，港英政府繼續在緊急法令下，以街頭截查、拘捕、起訴和恐嚇等手段來壓制未能平息的騷亂。漢華中學先後有三十多位師生員工被無理拘捕和恐嚇。其中一位學生，在9月21日放學回家途中被警察截查搜身，他提出抗議並呼喊愛國口號，被押回警局遭暴力毆打。當局雖然在他身上搜不到甚麼非法物品，但卻以「呼喊煽動性口號」起訴，法庭判決即時笞刑12藤，另再關押10天。

面對種種威嚇，漢華中學師生一如以往堅持愛國立場，進行愛國活動。10月1日，學校參加各界慶祝國慶晚會，手風琴隊合奏《我們走在大路上》。10月25日上午，教育司署派出兩名視學官，在大批便衣警察於校外佈防保護下到學校視學。教師和學生代表向他們遞交致教育司簡乃傑的信件，要求當局釋放黃建立校長和停止對漢華中學師生的迫害。

11月28日傍晚，大批警察破門進入學校搜查四個多小時，將演出用的道具和校內牆報上的佈置宣稱為「煽動性」和「攻擊性」物品，拘捕和扣押員工九人。翌日，由於學校禮堂、辦公室和課室在搜查行動中受到損壞，一片凌亂，全校師生停課一天收拾校園。被扣押的員工陸續獲釋。12月6日，漢華中學連同其他學校停課一天，抗議港英政府對師生的無理迫害。

1969年1月7日，被港英政府關押在域多利集中營一年多的黃建立校長獲釋。黃校長雖飽受牢獄折磨，體重下降了十多磅，[12] 但仍精神抖擻，重返工作崗位，受到全體師生及西環坊眾，由山市街列隊至學校大門的英雄式的歡迎。當黃校長踏上青蓮臺時，師生代表敲鑼打鼓，掌聲雷動，師生代表為他戴上大紅襟花並把他抬起來送進學校，場面極為感人。

黃建立校長獲釋，受到師生校友熱烈的歡迎。

——（二）——
服務漁農　拓展分校

1968 年，騷亂漸次平息，港英政府在鎮壓騷亂過程中成立的「香港心戰室」，透過宣傳委員會，開展「洗腦贏心」系統宣傳工程，大力把愛國力量「妖魔化」。[13] 一時間，社會瀰漫白色恐怖，人心惶惶。社會上傳言四散，說政府已經派人在國貨公司、中資銀行和愛國機構外拍照，進出的人如果申請政府職位會不被錄用，到美國升學、旅遊也不能獲得入境簽證；也有傳言，到愛國書店和國貨公司購物的人會被店員進行強迫洗腦。[14]

然而，1968 年新學年開始，愛國學校的發展不但沒有萎縮，反而進入迅猛擴展的時期。這是因為廣大的工人、農民和漁民，對愛國教育的需求更為殷切。[15]

1968 年 8 月，漢華中學本着服務漁農的宗旨，籌辦香港仔及元朗分教處，得到農牧工會、花卉工會、漁業職工會、漁民互助社、地區工會、街坊團體及友好人士的支持。一批剛畢業的漢華中學學生，抱着滿腔熱情，願意把火紅的青春奉獻給愛國教育事業的發展，成為分教處的開拓者和教師。漢華家長教師聯誼會的各區理事及家長亦配合協助籌辦分教處，招收新生。9 月，兩地分教處同時開學，均開設小一至初三年級，兼辦夜校。學生人數各約三百人。

12 月 4 日，學校慶祝二十三周年校慶，在灣仔修頓球場舉行體育表演。兩千多名師生、家長、校友出席觀看學生編導和演出的體育及歌舞表演，氣氛熱烈激昂。李鴻舒代校長在大會上發言，學校一貫推行愛國主義教育，在風浪中發展壯大起來，學生由初期的百多名發展

至近三千名，體現了港九同胞給予的大力支持。他要求港英當局馬上釋放被無理拘禁的黃建立校長。

1969 年 1 月，學校在修頓室內球場舉行兩場慶祝元旦體育表演，接待了近五千名觀眾。

黃校長在重返校長崗位後，很快便全力投入擴展分校的工作。

開辦元朗分校

六十年代的元朗，人口三十多萬，教育發展落後，學位缺乏。元朗地區不少鄉村在抗日時期曾經是東江縱隊港九獨立大隊的據點，有着深厚的愛國傳統，鄉民熱烈歡迎在區內開辦愛國學校。

元朗分教處最初租用元朗大馬路一幢唐樓的三至八樓共九個單位作為教室，前面靠窗戶的部份作課室，黑板背後的狹小空間就是老師辦公和休息的地方。分教處空間不多，但坊眾踴躍報名，開學時全校滿額，學生三百多人，仍遠遠不能滿足入學需求。1969 年，增設谷亭街分教處，學生增加至五百餘人。校務工作由李潛主任和江顯平副主任主理，何景怡任事務主任。

及後，在地區社團、工會和群眾的熱烈支持下，籌得八十多萬元，在教育路購買農地五千平方呎，參照正校的圖則興建新校舍。在施工的過程中，除了專業的建築工人，還有大批家長、居民、農友、工友和學生參加義務勞動，體現了群眾對愛國教育的支持。1972 年 2 月遷入新校舍，改為分校。自建的新校舍樓高六層，矗立在教育路上，成為元朗的新地標。原來的分教處班級陸續遷入新校舍，發展成為一所全日制中小幼一條龍學校，兼辦夜校，學生增加至一千八百多人。由於有來自青山、橫台山、流浮山、龍鼓灘、上水等偏遠地區的學生，學校得到摩托工會元朗分會的幫助，組成車隊，以公價的一半，安排接送學生。低廉的學費和校車服務，以及旗幟鮮明的愛國教育，受到社會各階層家長的歡迎。有僑居英國的新界華僑，特意把子弟送到元朗分校就讀，接受愛國教育，打好中國文化基礎，才把他們接到英國團聚。

元朗分校有濃烈的鄉土氣息，每天大清早，來自鄉郊農牧家庭的學生，騎單車搭載弟妹或鄰居同學，從四方八面來到學校，幾百輛自行車停放在校門外的空地上，蔚為壯觀。晚上，一批放下農務的青年騎單車來上夜校，空地再度放滿單車，而燈火通明的校舍，在四野一片漆黑中猶如一座通透明亮的知識城堡，不時傳出琅琅的讀書聲或歡樂的笑聲。星期日，學校

矗立在教育路上的
元朗分校新校舍

門前的空地化身成為天光墟，擺賣蔬菜、瓜果、家禽、農具的小商販與前來選購新鮮農產品的居民擠得滿滿的，熱鬧的買賣直到太陽高掛才回歸寧靜。

元朗分校先後由諸兆庚和葉以恕兩位副校長主理，貫徹學校的辦學理念和教學方向，了解分校的發展情況和問題，不時對年青老師提供在職培訓及支援。平日的管理工作，由分校的主任和骨幹老師組成的團隊負責。教師多是二十來歲、精力旺盛、滿懷豪情、不怕艱苦和困難的青年，他們有共同的理想，彼此合作無間，主動承擔工作，毫不計較。正校的師生亦經常到元朗參與分校的文康活動及社會服務工作。

元朗分校沒有開辦預科班，中五畢業的學生大部份參加工作，小部份到正校或其他中學升讀預科。由於農村孩子有早當家的傳統，元朗分校學生的流失率比較高，也有部份學生移民海外，或中途轉校。中一入學的學生有八至十班，但中五時就只有文科、理科各一班，而且男多女少。1973年7月，中學部第一屆畢業生有22人，至1982年停辦為止，共有十屆，畢業生一千多人。

我家務農，初中一年級時跟哥哥到元朗分校升學。學校生活很愉快，特別是體育文藝活動，我參加了體操活動，在跳木馬受傷後轉到田徑和歌詠方面，都有很好的鍛煉機會。學校的體育成績在元朗區內很出眾，每年在橫台山或元朗運動場舉行的千人操、紅旗操、單車賽，陣容鼎盛、聲勢浩大。

文科、理科方面都很出色，老師教學認真。回看自己上課時抄寫的英語筆記，都是很紮實的語法知識和詞彙，對我畢業後的工作很有幫助。

我們每天早上有讀報刊的習慣，自修課時討論國家和世界大事。在「元分」的五年，為我打下良好的學習基礎和確立人生觀。事實上，我們的同學在畢業後都不斷進修，提升學歷，在工作中取得成就。學生家長對老師非常尊敬和信任，老師來家訪時，留在我們家裏吃飯，談天說地如家人。他們到訪後，我們都自覺變乖了。

老師輔導我們成長，甚至提供幫助。記得有一位女同學要換身份證，剛巧媽媽生病入了醫院，老師就花了半天時間陪同她去換領。老師也鼓勵同學間彼此幫助。有一段時間，我被安排每天騎自行車接載一位身體不好的同學上學和回家。

元朗分校第一屆中學畢業生

學校猶如大家庭，同學之間建立了深厚的關係，畢業多年一直都有聯繫。每年的元朗分校校友會聚餐，都有 100 多名校友參加。我們把當年的老師一一請回來共聚情誼。這份漢華情、師生情是非常牢固的。元朗分校的校友，很多當了村長、區議員和社會團體的骨幹，為社會作出貢獻。

——陸美琴，校友，
〈我在元朗分校求學的日子〉

開辦香港仔分校

香港仔分校的成立，離不開強有力的地區支援。香港華人革新協會、漁業職工會香港仔分會、漁民互助社、地區工會、街坊團體熱烈支持漢華中學開辦分校，紛紛出錢出力，動員會員和愛國群眾送子女入學。

香港仔分教處在 1968 年 8 月開辦，租用香港仔大街一幢住宅樓宇的幾個單位作校舍，起初只有幼稚園、小學幾個班和一班中一，學生一百多人。半年後，地區人士黃志強先生頂着壓力，以低廉的租金租出香港仔大道業漁大樓三層樓共九個課室，開辦由幼稚園至初中三年級共 14 班，兼辦夜校，學生增至逾千。每周安排初中學生到正校上科學實驗課，體育課則只能在附近球場進行。初中畢業生升讀青蓮臺正校，完成中學課程。為擴闊學生的活動空間，學校平整了校舍背後一幅靠山坡的荒地，開闢了一個小球場，作為學生體育課和活動的場地，又租了一個單位供十多名來自長洲、大澳、大小鴉洲、蒲台島的漁民學生留宿。他們的生活，都由老師料理。1974 年 9 月改為分校。1980 年，遷入香港仔大道建輝大廈自置校舍。

香港島南區中學學位非常缺乏，所以分校的中學部發展最大，學生大部份來自南區的小學，[16] 也有部份原本在正校就讀小學的學生返回分校上課。學生來自各階層家庭，計有漁民、漁船機械維修操作員、小商販、商人、農務東主、飲食業員工等。

香港華人革新協會香港仔分會的幹事們，對分校的支援非常大。他們既把子女送入分校就讀，又借出會所讓分校使用，得以開辦興趣班、唱歌班等活動，豐富了學生的課餘生活。

香港仔分校先後由葉以恕、吳賢伯、諸兆庚三位副校長分管，陳玉嬋、梁慶益、李郭全先後擔任分校主任，帶領一眾年輕老師開展教學和行政工作。

1968 年，父親覺得我頑皮、反叛、難教，就把我送進青蓮臺漢華中學魯班廟旁小學部讀二年級。我每天要花兩小時由黃

位於香港仔大道業漁大樓的香港仔分校校舍

香港仔分校第一屆小學畢業生

漢華中學香港仔分教處小學第一屆畢業員生合照一九六九年七月美姿華攝

竹坑坐貨車斗到香港仔，轉 7 號車到蒲飛路上學。1969 年我轉到香港仔分教處讀三年級，小學畢業後才回到青蓮臺升中，直到中六結業。

父親是黃竹坑有名的「養鴨人家」，有四個鴨場，我們一家八兄弟姊妹就都是他的得力助手，早上天未亮和放學後都要幫助家裏勞動，晚上睡在鴨場「看鴨」。沒有電燈，沒有時間做功課！我在「香分」是出名的頑皮學生，有如當時流行的黃玉郎漫畫中的「小流氓」王小龍、王小虎。我與大哥來祥是學校的「雙煞」，經常頂撞老師，也是逃學威龍。我經常打人、欠交功課，但老師們並沒有放棄我，仍耐心教育，循循善誘，把我這塊頑石感化。我記得任教的老師有陳玉嬋、容曼薇、周美蘭、高篤瓏、珠算佬和高佬林。他們都有一份真誠和奉獻精神，對學生有愛心，關心我們無微不至。

我可能創了老師家訪次數最多的紀錄。我最懷念的是來我家的次數最多的高篤瓏老師，她與我媽媽都是潮州人，每次來到後一邊幫我媽媽串膠花，一邊聊家常，了解我為甚麼老是遲到和欠交功課。知道我的境況後，幫我申請助學金。留堂時，發現教導處空間很小，幾位老師擠在一起，

把最大的空間，留給學生活動。學校很多教具，包括黑板，都是老師自己動手做的。

我和哥哥、兩個弟弟妹妹共六人，我太太一家三姐弟，都是「香分」的學生。「香分」撮合了很多同學的姻緣，親上加親，不能盡錄。

——張來興，校友，
〈頑童改造成才〉，2016 年 8 月

開辦漢華校友會學校

1969 年 9 月，「漢華校友會學校」正式開辦，校址為西環卑路乍街 150 號二樓原來的分教處，由時任漢華中學校友會監事長張光亮校友擔任校監，鄭偉容校友擔任校長。1971 年，校舍擴充至三樓，開辦幼稚園及小學各級，人數達三百餘人，小學畢業生大多升讀青蓮臺正校，繼續中學課程。校友會學校先後由梁淑薇、潘潔馨、羅炎貴幾位主任主管校務，教師絕大多數為漢華的畢業生。這批年輕教師以校為家，在行政帶領下，用心鑽研教學，開展學生的課外活動，建立與家長的密切聯繫，部份還擔負起策劃和組織校友會的工作和活動的任務。1976 年 7 月，校友會學校停辦，學生轉回正校上課。

1979 年，學校再租得西環卑路乍街 86 號南生大廈二、三樓開辦小學及幼稚園分教處，晚上並開設「漢華英文專科夜校」，直至 1990 年 7 月，停辦分教處及夜校。

陽光裏的青蔥歲月

元朗和香港仔兩所分校，除了為區內學童提供教育，亦為師生提供了鍛煉「奉獻教育」和「服務社群」的機會。

六十年代的元朗是地處偏遠的鄉郊地區，往返市區要花上四至六小時，因此大部份老師都留宿在學校租用的宿舍。在開拓分教處的初期，部份男老師更要睡在課室，晚上待夜校學生離開後才架設床鋪、清早拆除收拾；老師輪流煮食，後來才有專人料理師生的伙食。老師的工資平均每月二百至三百元，主任四百元，但儘管低薪，老師們都願意為幫助學校克服發展中的困難出錢出力。學校是全日制兼夜校，老師工作的時間很長，課餘累了亦只能伏在課室黑板背後的辦公桌上休息。沒有夜校課的老師，除了例行的科務和教務會議外，每星期有兩個晚上，分批到各鄉村進行學生家庭訪問，指導學生溫習功課，為他們理髮，照料生活，為村民寫信，開辦識字班，開展文娛活動。學校堅持德智體全面發展的方針，老師把學生視如子弟，悉心教導，指點人生方向。夜校的學

生年齡較大，就把老師看成大哥大姐，無論是人生前途或戀愛問題都向他們提出請教；為配合課堂教學，學校在附近的山下村開闢了一個實驗農場，老師帶領學生走 20 分鐘的路，前往栽種瓜菜，學習農業知識，體驗勞動生產；在沒有場地、沒有設施的艱辛條件下，堅持上好體育課，辦好運動會，練好千人操；並且帶領農村的孩子登上了全港校際舞蹈節的領獎台。

香港仔分校的老師也是一群充滿教學熱情和奉獻精神的青年，其中不少是漢華畢業生。老師們每天分工乘兩部校車親自接送年幼學生往返學校，風雨不改。放學時，沒有乘坐校車的同學，老師按住處將他們組成若干隊「歸程隊」，並照顧他們安全返抵屋邨。家住鴨脷洲的小同學，每天放學後由老師帶領乘搭街渡（小駁艇）安全回家。學生接送的服務，令家長放心，深受歡迎。學校按學生住區分成七組，[17] 讓同區的學生建立互相照應、集體活動的習慣，當中以漁光村區和石排灣區同學活動最多最活躍，他們經常到香港仔水塘行山徑活動和到深水灣游泳，自組「向東」籃球隊。為擴闊學生的活動空間，老師們想方設法，利用課餘、假日組織學生戶外活動。每逢長假期，教師必定到區內探訪學生家庭，了解學生的學習與成長。

兩所分校的老師員工，用心教育下一代，深入家庭關心孩子的成長，與家長和居民建立了深厚的情誼。在農忙時，協助家長農戶插秧、割禾和拔蘿蔔。在農閒和節假日，到鄉村為村民舉辦短期識字班及演出文藝節目，在青山灣開辦漁民識字夜校。在漁閒季節，為返港休漁的漁民子弟開辦特別班，補習文化知識。遇上颱風，分校全體老師便回到學校，把學校變成臨時避風安置所，讓漁民家庭暫避風雨。教職員工為漁民送上粥飯慰問，徹夜不眠。有的家長把全家七、八個孩子都送到學校，非常信賴老師的教導和照顧。兩所分校的家長教師聯誼會都辦得很出色，家長不時送上魚乾、生曬鹹魚、海味、新鮮蔬菜瓜果等，慰勞老師。農曆年來到，家聯會安排辦年貨活動，喜氣洋洋地準備過新年。每逢學校舉辦大型活動，家長都會一呼百應支持。這種親密的師生關係和教師與家長間建立的特殊感情，使學校成為一個有高度凝聚力，如大家庭一樣的群體。這種情誼在學生畢業離校後仍延續不斷。

照顧孩子安全返抵屋邨的「歸程隊」

漢華校友會學校

漢華小學及幼稚園分教處

為社區演出、辦展覽和園遊會

兩對年青老師共諧連理

—（三）—
三十而立　蓬勃發展

　　1975年9月，學校踏入創校30年，一直堅持「為香港同胞服務，為祖國培養人才」的宗旨，努力以赴。在家長和社會各界友好的關懷和支持下，在隨後的幾年，得以蓬勃發展。當時，學校已開設日校幼稚園、小學、中學、大學預科，夜校中小學和英文專科夜校，配套齊全，成為一所兼辦普通教育和專科教育的綜合學校。校舍分設於港島西區（西環正校、小學分教處和校友會學校）、港島南區（香港仔分校）及新界區（元朗分校）。全校學生五千多人，歷屆中學畢業生已逾四千名，其中不少在香港、內地和海外大專院校深造，他們學有所長，成為各方面的專門人才。這段時期，學校更大力提高教學質量，特別是提高英文科教學質素，持續在課程、教材、教法和考核模式上作了改進。為提高教學效能，在正分校裝設了器材完備的語音及視聽教學室，在中小學各科推行電化教學，這些措施有效提升學生的學習興趣和學科知識，會考成績逐年提升。

元朗分校的「草原女民兵」在元朗區舞蹈比賽中獲獎

分校兩支生龍活虎的教職工籃球隊

充實教學力量

　　1971 年 12 月，香港大學學生會組織了第一個內地觀光團，回港後公開介紹見聞感受，掀起了「認識中國」熱潮，衝破了多年來港英政府對民族教育的壓制。大專學生紛紛發起回內地參觀考察，舉辦讀書會、成立「國是學會」等活動，認識國情、文化，重拾民族根和中國人的身份。1972 年的「保衛釣魚台」運動和隨後的「中文成為法定語文」運動、「反貪污、捉葛柏」運動，反映大批青年學生的民族和社會覺醒。自 1973 年 10 月，各大專院校聯合舉辦了延續多年的大型「中國周」，從國家的現代史、地理風光和科技成就方面，介紹國情知識和新中國的發展，在大專學生和中學生中掀起了「認中關社」的熱潮。

　　七十年代中期，正值漢華蓬勃發展，一批大學和專上學院的畢業生，加入了漢華中學的教師隊伍，成為全職或兼職教師，充實了教師專業力量。同時，學校亦增聘了一批本校的優秀畢業生和內地大專院校畢業的人才，並積極鼓勵教師參加教育司署和各大學舉辦的進修課程。

強化品德教育

　　1978 年，品德教育確立「愛國愛校、勤學守紀、團結互助、艱苦樸素」的要求。

　　「人的道德信仰，只有深深扎根於從小就開始培養的習慣、能力，和積累行為經驗的土壤裏，才能產生蓬勃的生命力，和充滿着豐富的內容。」[18] 學校制定中小學生守則，鼓勵學生以積極的態度對待學習和日常生活，開展禮貌、守時、守紀的評比；教導學生關心國家大

兩張全家福

放眼世界

除舊迎新

一九八一年元朗分校五位學生勇救跌落河道的小孩，受到社區人士表揚。

事，注意社會動態，認識個人對國家、社會應負的責任。要求班主任進行班級經營工作，組織學生生活，增加相互了解，學生周記便成了師生溝通的一道橋樑。在校內推行勞動服務制度，學生輪值參與校內合作社出售早餐、校園大掃除、午餐後清洗碗碟，為同學派送報紙等服務。在校外，積極參與公益賣旗活動，災後探訪受災同學家庭，協助重建工作。在假期中，參與農務活動，或到社區和農村演出文藝節目。

漢華中學，我的母校，在離開你的哺育之前，一幕幕的回憶浮現在我的腦中。

自從踏上中學的第一步，我摔過不少次跤了，但幫助我爬起來的總是老師、同學。他們賜給我無窮的力量，一直哺育着我茁壯地成長。我的家境一向不好，家人也比較頑固，一直堅持不讓我讀中學，加上我自己也很固執，不肯低頭，與家人的關係就弄得很不愉快了。這時老師進行家訪，了解情況，幫助我找工作，讓我半工讀，老師鼓勵我說，「一個堅強的人，困難是永遠阻不住他的。」從這時起，我明白到自己定要做一個堅強的人。

到中四時，進了理科班，我的成績開始退步了，這時我開始意志有點動搖，究竟自己可否追得上，我開始對自己沒有信心了，在周記中反映出來，而老師知道後，在周記中鼓勵我：攀高峰嘛，總得要花氣力，絕不能吃現成飯。對自己的要求，要從難從嚴開始，這樣進步才大。要準備在相當長的一段時間裏吃大苦，苦盡才會甘來。經過這一番話，我又重新振作起來了。

中四下學期，我們需要轉到正校上課。但是這時，一個大的難題出現了，因為轉到正校，學費車費都多了，媽媽堅持不讓

我讀下去，實在太可惜了，還有一年的時間便畢業了。但是這時媽媽的態度很強硬，我完全沒有辦法，心情實在苦惱，在這個時候，老師又在我的周記給我一個更大的鼓勵——「每個人前進的道路中，總有無數的荊棘、困難，有人在它面前倒下，有人迎着它勇往前進，雖然是傷痕纍纍，但他終究把困難與荊棘拋諸身後，而勝利邁向前方。你當前是碰到重重的困難，這個現實你避也避不了，需要的是有一股衝勁，為自己的理想的實現而努力，同時也應接受群眾的幫助（精神與物質上），我相信你是個堅強的女孩，不要孤立了自己，如果困難仍解決不了，找我商量吧。」

老師把我藏在心中的苦惱，也看出來了，在適當的時候又及時給了我鼓勵，不能不使我衷心佩服和感激。在我的力爭下，父母親終於允許我繼續以半工讀的方法完成了中學階段。

今天，我能完成自己的中學階段，正是老師同學們在經濟上、學習上、思想上支持和幫助我的結果。如果只靠自己的力量，我看，很早以前我已一蹶不振了。師生關係的密切與良好，是漢華中學一貫以來的優良傳統，希望能永遠堅持，發揚起來。今天我們快要離別，分道揚鑣了。我相信道路會更加艱苦。但是我們這個集體是永遠存在的，永遠發出力量和光輝，照耀着我們、鼓勵着我們前進。

——劉柳霞，校友，
〈周記是我與老師之間的橋樑〉，
「畢業感言」，《畢業典禮特刊》1980 年

提升教學質素

自 1972 年開始，學校在堅持母語教學的優越性的同時，提高學生中、英雙語能力及公開考試成績。1979 年，開設大學預科班，首次參加香港高等程度會考。

教學方面，提出注意教材的思想性、科學性和系統性，注重雙基（基礎知識和基礎能力）的訓練，特別重視提高中、英、數三門基礎學

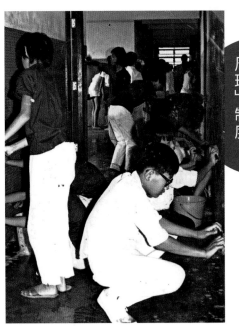

人人參與勞動服務的「值周班」制度

旅遊專業班結業合照

漢華中學旅遊專業班全體結業生合照
一九七九年七月二日

把測量所得的風速數據繪製圖表，與全港氣象統計作比較

科的水平。中、英文科開設閱讀課，安排學生到圖書館去上課，指導學生瀏覽、選擇和閱讀課外書。分級購入足夠人手一本的優秀作品，有計劃的進行導讀、分享。完成後各級資源互換分享，有利提升學生的閱讀能力，把開啟知識寶庫的鑰匙交給他們，讓他們自己去探索、去發現、去創新！

1974 年開始，各科選出學生擔任科代表，向老師反映同學對教學的意見。教導處定期召開科代表會議，了解教學存在的問題，及時改進。

1978 年及 1979 年，增設了三個語言實驗室，正校第一視聽室主要用途是語言訓練，第二視聽室主要用作加強視聽練習，另外一個視聽教學室裝設在元朗分校。致力提高學生中文、英文的聆聽和口語能力。中小學各科亦全面推行電化教學，使用高映機、幻燈、教育電視、電影、掛圖、標本、實物投影、錄音機以配合教學需要。

1978 年，與中國旅行社合作，開設「旅遊專業班」，讓有志從事旅遊事業的同學提高英語水平及學習旅遊業知識。

理科教學努力朝着直觀、啟發和探究的方向去實踐，盡量多做實驗，不單採用電化教學，還規定學生閱讀自然科學讀物。生物科更組織本地紅樹林、沼澤地、溪流等生態研究和觀察，大大提高了教與學的質量，擴闊了學生的知識面。這些教學實踐為日後的「走出課堂」敞開了思路。

正分校教師聯合教研活動

及時聽取「學生科代表」的意見

　　到了目的地，按照事先安排好的地段，分組進行活動。我們這組是在溪流的上游，研究的生境是一小塊沙灘和灘四周的水流。各組員依照組長的分配，開始工作。這是第一次的戶外活動，同學們都起勁得很，雖說老天不作美，開啟了他特大的花灑，灑下不停的毛毛細雨，但各組的活動一點也不受影響。在我們組內，打撈小生物的同學，除了從溪水中撈上一大串黏液串成的小黑顆粒之外，別無收穫。當老師巡視到我們組時，大家忙把那一大串給他看，好像發現了新大陸似的，「這是青蛙產下的卵子。」老師一點也不驚奇。「原來蛙卵是這樣的。」我們都暗自責備自己真沒

用，課本上學過的知識，這時已被拋到九霄雲外去了。老師耐心地教我們如何捕捉小生物，不久，我們開始有收穫了，不遠處的其他組也頻傳「捷報」。那些小生物，樣子總是差不多，加上我們經驗不足，雖有紙上樣板作為對照，仍然難辨牠們的身份。結果，每捉一種，便發出驚呼，頻頻請老師辨認，但仍不免鬧笑話，如小蜘蛛從水邊走過，便當成是水蜘蛛，水中的腐葉看成是小蟲。「花灑」關掉了。我們的工作也告完成。於是，到處參觀，又顯耀「戰果」。雖說前後不過兩個多鐘頭，但一直彎腰在齊膝深的水中走動，一回到營地，便像散了骨架似的，疲乏得不得了。

晚上，做了三小時實驗，將捕獲物分類，用顯微鏡觀察等。

學習計劃終於結束了。參加這次生態營活動的同學都從中學到了不少課外知識；幾天的集體生活，也促進了同學之間的和睦關係。生態營活動時間雖短，我們的收穫卻是不少的。

——戴翠璇，中六學生，
〈生氣盎然的課堂〉，
《畢業典禮特刊》，1982 年

綻放體藝之花

學校開展三十多種文娛康體課外活動，同學廣泛參加。學校如常參加各項公開的比賽，其中以舞蹈的成績最為出色。在鄭偉容老師[19]的專業帶領下，學校的中國民間舞蹈活動發展興旺，得到眾多同學喜愛和參與，六十年代的山道校園，不時看到舞蹈組同學在苦練基本功的身影。他們大清早，在五樓禮堂壓腿、彎腰……周六下午，一列又一列學員在瑤族舞曲的悠揚樂韻中踢腿、雲手、騰跳……接受鄭老師的檢閱。就是在這樣的土壤中，一批又一批舞蹈的種子在萌芽、成長。

從 1966 年以《採茶撲蝶》首奪校際舞蹈比賽東方民間舞冠軍開始，至 1980 年的十多年間，連續獲獎，成績斐然，包括冠軍的《弓舞》、《拔蘿蔔》、《洗衣歌》、《草原新歌》、《豐收舞》、《南嶺之歌》、《小小擠奶員》、《小白菜快快長》、《讚歌》、《友誼花盛開》、《金戈鐵馬》、《雪山新歌》、《上大學》和《馴馬》等，以及甲級獎的《鏡中人》、《牧歌》和《盜仙草》等。舞蹈組培養的學員，畢業後都成為校友會舞蹈組的中堅分子，他們當中有成為香港舞蹈團首席演員，有從事舞蹈教學，也有開辦舞蹈學校培養人才，對香港舞蹈事業的發展作出不少貢獻。

1975 年 12 月 25 日，學校慶祝成立三十周年，正分校舉辦校史報告會、愛校座談會和圖片展覽會。隨後一連兩晚在灣仔修頓場館舉行體藝匯演，陣容鼎盛，顯示學校蓬勃的體藝教育成果，觀眾共三千餘人。接着移師到元朗兒童遊樂場連演兩場，觀眾一千二百餘人，盛況空前。

1976 年 2 月，學校舉辦全校運動會，在開幕儀式中，正校、元朗分校、香港仔分校的運動員高舉校旗，列隊步操進場，他們步伐整齊，精神抖擻，掀起全場三千多位同學的歡呼。在各項競賽中，三校的運動員建立了友誼。

1976 年 5 月 23、24 日，校友會假北角新光戲院舉行十八周年會慶文藝演出，正、分

鄭偉容老師指導學員練習基本功

校校友共同演出，音樂部份有獨唱、大合唱、手風琴合奏、民樂合奏、鋼琴獨奏；舞蹈部份有紅色娘子軍選段、拉木歌、大刀舞，參與演出的校友達四百多人。各個節目由排練到演出，體現了校友的力量和團結精神。觀看演出的校友和嘉賓有四千多人。

參與籌組教聯會

1975 年，「香港教育工作者聯會」（下稱「教聯會」）成立。

六十年代社團結社的禁令在 1973 年文憑教師薪酬鬥爭風波中受到劇烈的衝擊，教聯會就是在這時候成立並獲得政府登記註冊。

自成立始，教聯會在香港教育政策和專業發展上作出了巨大努力，爭取香港教育工作者應有權益，為會員謀福利，並開展各類型的康樂文體活動，組織海內外參觀旅行和教育交流，聯繫全港教育界人士，奠定了在香港教育團體中的權威地位。

黃建立校長積極投入教聯會的籌備工作，曾任創會副會長、會長和名譽會長。李鴻舒校長和馮敏威校長先後出任副會長。鄧統元副校長曾任副理事長、副會長和會長。多位教職員亦曾出任理事。

校慶體藝匯演分別在
灣仔修頓球場和元朗
兒童遊樂場舉行

一九七六年全
校運動會上的
千人廣播操

結 語

漢華中學雖然經歷 1967 年五月風暴的衝擊及面對極大的壓力，但對發展愛國教育的意志更為堅定，積極進取，拓展分校。教師隊伍進一步專業化，教學設施更現代化，課堂教學與生活實踐更貼近，體藝發展蓬勃興旺，學生人數達至歷史高峰。

1　「兔子窩」是形容六十年代徙置區及公共房屋的環境。一家五口擠在一間 120 平方英尺的房間，沒有廚房和浴室。Elsie Tu, *Colonial Hong Kong in the Eyes of Elsie Tu*, Hong Kong: Hong Kong University Press, 2003, p. 45.

2　《香港年報》，1966 年。

3　據統計，五十年代大型的工人罷工有 68 次，七十年代 193 次，最多的一年有 47 次。出自張連興，《香港二十八總督》，香港：三聯書店，2012 年，頁 325。

4　1966 年 4 月 4 日，一位名叫蘇守忠的青年，為抗議天星小輪加價五仙，在港島天星碼頭絕食抗議。次日，一批青年工人到場聲援，後來渡海至九龍，沿彌敦道示威遊行，陸續參加者達數萬人，後來演變成搶掠和騷亂。警察鎮壓，造成一人死亡，二十多人受傷，一千四百餘人被補。財物損失超過了一千萬港元。這次由一件小事引發的騷亂，暴露了香港深層的社會矛盾。

　　據統計資料顯示，整個五十年代的實際工資水平幾乎

都低於 1948 年，1960 年始，工資水平有所提高，但物價卻不斷上升，且僱主將增加工資的負擔轉嫁到消費者身上，引起市民普遍不滿。這就是一件小輪收費增加五仙的風波，竟會導致社會騷亂的原因。港英政府曾為此次社會騷亂成立特別調查小組，最後寫成的調查報告書認為：「市民與政府之間，存着極深的鴻溝。」余汝信：《香港，1967》，香港：天地圖書有限公司，2012 年，頁 38－39。

5　《一九六六年九龍騷動調查報告書》，頁 101。

6　1967 年 4 月，位於新蒲崗大有街的香港人造花廠分廠發生勞資糾紛。當時工廠頒佈了極為嚴苛的規定，包括損壞生產機器的工人不會獲發工資、廠方不允許工人請假等。勞資雙方談判不果，廠方更在 4 月 28 日以「生意收縮」為由解僱 92 名包括勞方代表的工人，並關閉分廠的啤機部。愛國工會介入，工潮在 5 月 4 日開始升級，部份工人強行入廠要求資方談判。警察訓練分遣隊到場戒備，封鎖附近道路，工人阻止廠方出貨。

5 月 6 日，約 150 名工人在廠外集會，抗議資方解僱，並要求與資方談判，下午 4 時許廠方再度被在場工人阻止出貨，管工與示威工人發生肢體衝突，警方調停不果，局面更趨混亂，防暴隊採取行動，逮捕 21 名工人，過程中造成多名示威工人受傷。事後，港九樹膠塑膠總工會主席馮金水與兩名代表到黃大仙警署交涉，卻遭當局扣押，並被控非法集會。港九工會聯合會派出楊光和工會代表會見警務處處長提出「嚴重抗議」，警方代表因「案件進入司法程序」而不予回應。

5 月 11 日，香港工聯會和各行業工會派員前往新蒲崗人造花廠慰問罷工的工人。大批工人在新蒲崗街道與警員發生流血衝突，警方派出由六百二十多人組成的防暴隊以木製子彈開槍鎮壓，工人則以石頭和玻璃樽還擊。警方到黃大仙徙置區搜捕暴動者，期間一名 13 歲少年死亡（有說是於黃大仙徙置區第 26 座外被防暴隊打死；亦有說是被群眾石塊擊中）。鑑於事態嚴重，政府宣佈當晚 9 時半起在東九龍實施宵禁。

工聯會在 5 月 12 日召開緊急理事會議，宣佈成立「港九各業工人反對港英迫害鬥爭委員會」，事件持續，警方在中午在東頭村施放催淚彈驅散群眾，騷亂至 5 月 13 日蔓延至黃大仙東頭徙置區和土瓜灣，當局出動大批英軍和警員訓練分遣隊鎮壓，又將宵禁時間提前至傍晚 6 時開始，局勢至 5 月 14 日才稍為平息。（參考張家偉：〈六七暴動的導火線──新蒲崗人造花廠事件〉，《香港六七暴動內情》，香港：太平洋世紀出版社，2000 年，頁 26－38。）

這次群眾運動本來是以爭取工人合法權益開始的，但由於受當時內地「文化大革命」的影響，因而矛盾迅速激化。5 月 16 日，「港九各界同胞反對港英迫害鬥爭委員會」成立。5 月 22 日，該會組織群眾前往港督府遊行示威，中途遭警方的阻止和毆打，事件中二百多人受傷。港英政府宣佈《緊急法令》。

7　5 月 6 日，新蒲崗人造花廠工人與資方發生衝突，港英政府出動防暴隊進行鎮壓，工人被打傷多人，被拘捕 21 人。事後警方又拘捕前往警署抗議的工會主席和工人代表。警方的行為使本已對資方及港英政府深懷不滿而怨聲載道的工人群情激憤，於是罷工、罷市、罷課、示威遊行的群眾運動被掀起。5 月 11 日起，港

英政府出動警察鎮壓支持工人的各界代表和青年學生，至 14 日已逮補四百多人。

8 據統計，有 832 人在暴動中受傷，51 人喪生。1967 年 5 月至 1968 年 6 月，共有 4,498 人被捕，其中 2,077 人在緊急法例下，不得申辯，即時被定罪判入監獄。

9 卓清老師訪談，2016 年 7 月。

10 集中營內的監房是一間狹小密封的單人囚室，只有門上一個小窗透光，靠抽氣扇通風；被囚者白天隨時被問話。黃建立校長自 1967 年 8 月 4 日起被關押至 1969 年 1 月釋放。

11 黃襯歡老師訪談口述，2016 年 7 月。

12 黃建立夫人李月波訪談，2016 年。

13 強世功：《中國香港政治與文化的視野》，北京：生活·讀書·新知三聯書店，2014 年，頁 41。

14 出自周永新：《香港人的身份認同和價值觀》，香港：中華書局，2015 年，頁 47。

15 至 1973 年達到最高峰，學生總人數（包括夜校）達三萬人，比 1967 年增加兩倍。見周奕：《香港左派鬥爭史》，香港：刊訊出版社，2004 年，頁 335。

16 當中有：香港仔官立小學上、下午校、聖伯多祿學校、香港仔務實學校、培德女校、鴨脷洲漁民學校等。

17 計有鴨脷洲區、黃竹坑區、漁光村區、石排灣區、田灣區、華富邨區和薄扶林區。

18 摘自諸兆庚副校長〈思想意識與行為習慣〉，《畢業典禮特刊》，1982 年，頁 21。

19 鄭偉容老師於五十年代就讀於金文泰中學，喜好中國民間舞，由於欣賞漢華中學推廣現代舞與中國舞結合的「新派舞」，於 1952 年 2 月轉到漢華中學初中三就讀，參加舞蹈組，每天放學後在天台烈日下苦練成為出色的舞蹈員。1955 年 7 月高中畢業後留校任教，為學校編排舞蹈參加公開比賽得獎無數；又創作大型舞劇如《晚霞》、《夜明珠》、《降蒼龍》、《祖國頌》、《祖國萬歲》，於校慶、國慶演出。1969 年出任校友會學校校長。1986 年退休後在校友會及其他團體推廣舞蹈，並為康文署開辦導師訓練班。在她的帶領下，漢華中學湧現大批舞蹈愛好者和專業導師，在社會及團體中推廣中國舞。

鄭老師任香港舞蹈總會董事兼名譽主席（2016 – 2017）、中國舞蹈家協會前理事、星榆舞蹈學校校監、星榆舞蹈團藝術總監及星榆兒童舞蹈團團長。

第六章

無懼風雨守初心
力創新猷迎回歸

現在香港已進入回歸祖國的過渡時期。

今天香港的青少年將是祖國的公民、新香港的建設者，

因此，我們必須加強公民教育，

使學生加深對祖國的認識和對香港社會的了解，

提高學生對國家、對社會的責任感。……

我們將以「提高質量，培養人才，

積極參與，迎接九七」

作為我們今後努力的方向。[1]

——黃建立

七十年代和八十年代是香港經濟騰飛，由勞動密集型轉向技術密集型工業生產和多元化的年代。1978 年中國改革開放，更為香港的發展帶來新的動力和更廣闊的空間。儘管在七十年代初受到世界石油危機、港幣貶值和股票市場崩潰的打擊，但香港整體經濟的發展仍然迅猛，本地生產總值以每年平均 10% 的速度增長。至八十年代中期，香港的商品貿易總額，在全球 165 個國家地區中排行第 13 位。金融經濟也高速增長，使香港發展成為國際金融中心。中國內地成為香港最大的進、出口市場。

港英政府在 1967 年「五月風暴」後總結經驗，汲取教訓，致力改善施政，爭取民心，增加市民的歸屬感。1971 年 11 月，英國政府委派外交官出身的麥理浩（Maclehose）出任港督，至 1982 年 5 月離任。經港人多年爭取，港府為了進一步緩和社會矛盾，終在 1972 年確認中文為法定語文的地位；面對嚴峻的貪腐問題，又於 1974 年成立廉政公署。在這被稱為「黃金時代」的十年，香港經濟繁榮，為政府提供了大量財政盈餘，得以開展各項大型建設項目和增加社會福利。港府推行的十年建屋計劃，移山填海，開發新市鎮，建造了 729 幢公共屋邨，為 150 萬居民提供居所；「居者有其屋」計劃則讓中等收入的家庭購買低於市場價格的房子。到了 1983 年，全港六百多萬人口中約 27% 住在公共房屋。1980 年初，工人的實際工資增加了 50%，月入低於 400 港元的工人由 50% 降至 16%，90% 的家庭安裝了電視。大型的道路系統和地下鐵路的興建，也令民生改善。

1971 年 10 月，第二十六屆聯合國大會以壓倒性票數通過恢復中華人民共和國在聯合國的一切合法權利。1972 年 2 月，美國總統尼克遜（Nixon）訪問中國，結束了自 1949 年以來與中國的敵對關係。1972 年 3 月 10 日，中國常駐聯合國代表黃華奉命致函聯合國非殖民地化特別委員會主席，重申中國政府的立場：「香港和澳門是英國與葡萄牙政府所佔領的中國領土；香港與澳門問題的解決完全屬於中國主權範圍內，而不能等同於其他殖民地。中國政府一貫認為，關於港澳問題，應在時機成熟時，以適當方法解決，聯合國無權討論此問題。」1972 年 3 月 13 日，中英兩國達成正式建交協議。同年 6 月，聯合國非殖民地化特別委員會建議，從《反殖民宣言》中適用的殖民地地區名單內刪去香港及澳門。1972 年 11 月，第二十七屆聯合國大會以 99 票對 5 票（美、英、法、葡和南非）通過決議，確認中國對香港、

澳門問題的立場與要求。

　　1979 年 3 月，港督麥理浩官式訪華。鄧小平明確指出：「到了 1997 年，無論香港問題如何解決，它的特殊地位都可以得到保證。講清楚一點，就是在本世紀和下世紀初相當長的時期內，香港還可以搞它的資本主義，我們搞我們的社會主義。」1982 年 9 月，英國首相戴卓爾夫人訪華，中英雙方首次就香港問題進行討論，兩國聲明表示：「本着維持香港繁榮和穩定的共同目的，……通過外交途徑進行磋商。」中英香港問題談判長達兩年之久。1984 年 12 月 19 日，兩國簽署《中英聯合聲明》，確定中國將於 1997 年 7 月 1 日，全面對香港恢復行使主權。從此，香港進入 1997 年回歸的過渡時期。[2]

挑戰不絕　困難重重

　　港英政府在七十年代初開始加大對教育發展的投資，普及九年基礎教育和擴大高中教育。[3]1971 年，全港中小學學生達 103 萬，其中小學生 76 萬，中學生 27 萬，但還有十三萬多適齡學童未能入讀高中。[4]9 月，政府公佈在官立、津貼、補助三類中文小學實行免費教育，並立法規定家長必須送子女上學。1974 年，政府發表《香港未來十年中學教育白皮書》，宣佈至 1979 年把免費教育普及至初中，並為 55% 的初中畢業生提供高中學位。同時，取消中學入學考試，改用派位方法，把小學畢業生按能力級別，分配到分區學校網內的中學升學；中文、英文中學會考合併為香港中學會考。1978 年，麥理浩突然宣佈提前一年實施九年強迫教育。[5]同年，政府發表《高中及專上教育政策白皮書》，提出在十年內增加資助高中學位，以初中成績評核的方法，令 70% 的適齡學童能接受高中教育，以期到了八十年代中期，讓 85% 的適齡學童入讀受資助的高中。全港的分區學校網和每一個新建的屋邨內，都配置新建的中小學，讓學生就近入學，接受九年的強迫教育。

　　為了加速落實普及九年強迫教育，港府在各區興建新學校的同時，還採取浮動班[6]和半日制等權宜方法來完成任務，其中一項「急就章」的辦法，是通過向私立中學購買學位，把在派位機制中未能升讀官立、津貼和補助學校的學生，派到私立學校升學，政府則按學生數目撥經費給學校。[7]

　　1978 年，港府向私立中學購買 32 萬個學位，佔初中總學額的 41%，到了 1987 年，

減至五萬多個，佔 14%。全港就讀私立中學的學生，由 1966 年的 70%，下降至 1987 年的 30%。全港的私立學校接連倒閉，日漸衰微。[8]

在九年強迫教育普及的過程中，愛國學校被刻意邊緣化。港府在 1978 年的《高中及專上教育政策白皮書》中曾經表示，私立非牟利學校，如果條件適合且願意，可申請分期轉為全資助學校。儘管漢華中學是擁有自建校舍、辦學條件和學生成績良好的非牟利學校，但教育當局對漢華參加買位計劃的申請，卻以不成理由的理由加以拒絕；申請在任何有需要學位的地區開辦津貼中學也得不到答覆。[9] 漢華中學的辦學規模，在資助學位大量增加和家長選擇的因素影響下，逐步縮小。1981 年，學生人數由 1976 年高峰期的五千多人，下降至二千多人，學費收入不足以支付學校日常開支，學校陷入嚴重的財政困難。1982 年 8 月，被迫停辦香港仔和元朗分校。學校的中學畢業生人數，由最高峰時期每年二百多人，縮減至 1985 年的 79 人。學校所在的西區，人口亦逐漸老化，生源更為短缺。

與此同時，在重英輕中的教育政策和社會風氣影響下，中文中學也日漸式微。自六十年代起，英文中學與中文中學的比例發生了很大的變化，由 1961 年的 1.8：1，發展至 1971年的 5.3：1 和 1981 年的 7：1。1990 年，在全港 439 所中學中，只有 57 所中文中學，僅佔 12%，學生人數只佔總數的 9%。中文中學被邊緣化，其地位被歧視，前景也處於風雨飄搖中。[10]

——— 二 ———
群策群力　多元發展

面對全港私立中學生源萎縮、中文中學處於劣勢的困境，漢華中學並沒有退縮放棄，反而以更加積極進取的態度面對，並且謀求向更高層次的發展。學校堅守立校的宗旨，提出「廣泛汲取先進經驗，調動一切積極因素，切實改進學校工作，使學校更加符合現代化的需要」，[11]「一定要發揮優越性，合符青少年兒童身心發展，把漢華辦成一所高水平、有特色的學校」，[12]「重新部署，集中力量，銳意改進，提高質量，貫徹辦學初衷」。[13]

重視教研　專業提升

學校調動資源，集中力量，提升師資水平，鼓勵教師進修，進一步完善課程和教學，加強學生中、英雙語的運用能力，致力提升公開考試成績，增強學生的升學和就業的競爭力。

學校設立進修津貼制度，鼓勵教師參加各類型的進修課程。同時組織老師出外參觀，學習先進教學經驗。1985年，諸兆庚副校長參加香港教育工作者聯會日本教育考察團；葉以恕、馮敏威兩位副校長參加福建教育考察團。1988年，鄭偉容老師獲邀赴北京參加全國文學藝術界聯合會大會，以表揚她對舞蹈教育的貢獻。各科老師也先後到內地先進的學校觀摩高效能的教學法，提高本科的教學水平。學校增聘大學畢業生加入教學團隊，至1987年，平均每班有大專學歷的教師1.6名。

學校堅持周三下午科組會議制度，各科開展教學研究，制訂有效課堂策略及應試技巧。

各科積極開展課堂以外的學習活動，例如：生物科的「沼澤地生態考察」、地理科的「海岸岩石地貌考察」、社會科的參觀報館和公共機構等。課餘還舉辦學術活動，例如「火星探索」講座、「中國科技展覽」，還有「語文週」，班際英文朗讀、歌唱、串字比賽，班際中文集誦比賽和「元宵雅集」等。

努力不懈　提高成績

1980年，學校專門成立「公開考試指導工作小組」，正分校老師共同研討及規劃中五級教學，以提高公開考試的成績為目標，研究

元宵雅集

優化課堂教學，讓學生更好掌握課程要求和考試答卷的技巧。各科還開設輔導班，幫助成績稍遜的學生趕上班級水平，縮小程度差距。

隨着教師認真鑽研教學，學生勤奮學習，公開試成績年年遞升，十年間，中學會考各科合格率全部高於全港平均，整體合格率近九成，優良率逾三成；高等程度會考整體合格率近八成，高於全港，優良率逾四成。七成學生升讀香港中文大學、香港理工學院、香港樹仁學院、廣州暨南大學和福建華僑大學等大專院校。

1980 — 1990 中學會考本校與全港平均成績比較

1980				1981				1982				1983				1984			
合格率 %		優良率 %		合格率 %		優良率 %		合格率 %		優良率 %		合格率 %		優良率 %		合格率 %		優良率 %	
本校	全港	本校	全港	本校	全港	本校	全港	本校	全港	本校	全港	本校	全港	本校	全港	本校	全港	本校	全港
62.15	60.71	13.30	14.88	66.02	61.37	14.72	15.61	77.67	62.68	22.69	16.44	82.63	61.72	28.80	16.40	87.70	62.04	31.35	16.79

1985				1986				1987				1988				1989				1990			
合格率 %		優良率 %		合格率 %		優良率 %		合格率 %		優良率 %		合格率 %		優良率 %		合格率 %		優良率 %		合格率 %		優良率 %	
本校	全港	本校	全港	本校	全港	本校	全港	本校	全港	本校	全港	本校	全港	本校	全港	本校	全港	本校	全港	本校	全港	本校	全港
88.97	62.71	32.24	16.92	81.20	63.58	22.81	17.49	80.53	63.25	23.39	17.53	74.78	63.18	17.94	18.22	85.01	63.16	31.56	18.41	85.39	63.82	30.69	19.03

手上又捧着新一年的會考成績單，每次從考試局工作人員手中取到這份資料，我都會有點緊張。這是我們畢業班學生奮鬥的成果，這是我們全體老師的心血結晶，雖然，會考不是衡量他們學習的唯一標準；雖然，會考只是我們其中一個工作目標。

「成績又提高了！」「優良成績又增加了！」「哇！英文科合格率已達到九成！」每次，我都得到一份莫大的喜悅。這喜悅，是意料之中；這喜悅，也是喜出望外。

每年，我們都以戰戰兢兢的心情迎接開學。一份教材不可能年年不變。學生年年不同，課程綱要經常更改。每天，我們就是為着準備教材而忙，為着指導學生的溫習而忙。有些科目，沒有理想教科書，老師們只有利用課後，走遍香港的大小書店，逐一課題買回有關參考書，還要用上大量時間進行翻譯和編寫。往往好幾個小時的工夫，才能準備一節四十分鐘的課。學生基礎的參差增加了我們教學上的困難。既不能讓吸收快的學生不滿足，也要照顧大多數的水平。每上一節課，我們都得細心考慮，仔細琢磨。習作測驗太多嗎？恐怕學生壓力太大；太少嗎？又恐怕他們

的練習不足。總之，我們要力求盡善盡美，精益求精。

每年，我們都要面對各種各樣的學生問題。學生信心不足，出現畏難的情緒時，我們就跟他們談讀書方法、升學前途和社會責任；學生情緒低落，意志消沉時，我們就替他們分析原因，鼓勵他們努力以赴；個別學生出現感情煩惱，我們就幫助他們分析利害，勸導他們專心向學；一些學生在英文科沒有取得良好成績，我們就想辦法為他們開設課餘補習班。

每年，我們又召開大大小小的會議：級教導會、班主任會……。會上，老師互相交換情況，分析學生每一階段的學習和思想問題，定下教育學生的方針和幫助學生考取良好成績的步驟。我們又舉行家長會，進行家庭訪問，由此加強與家長的聯繫，既協助家長了解學生升學就業的前景，也從而加深對學生的了解。

望着校門前的大樹，想到它不知需要多少雨露陽光，才能如此挺拔多姿，也想到四十年來，我校不知培育了多少學生，他們從小進校，經過各階段的教育，打下了良好的基礎。現在嘛，有的升大學、有的在社會工作。他們在實踐自己的抱負，

他們在攀登事業的高峰。學生的成就，不正是對老師辛勞工作的最大回報嗎？ *14*

——馮敏威副校長，
〈作育英才巧心思〉（節錄），
《漢華四十年》，1985，頁 69

增設課程　擴闊出路

學校致力為學生的升學和就業提供更多的選擇。

1983 年 9 月開始，學校在高中課程中增設商科、電腦、會計和英文打字科，為此，學校優化了電化教學室，並增設電腦、打字、史地、美術等專科教室以及開設小一至中二普通話課程。1986 年，學生參加英國倫敦工商總會中級會計證書（L.C.C.I）考試。

1984 年，學校接受廣州暨南大學和福建華僑大學委託，保送漢華優秀預科結業生免試入學，又被指定為兩所大學入學考試試場之一。

語文教育　闖新台階

1983 年，英文科逐步按英文中學英語科的課程要求教學，讓學生能在中學會考中報考為英中學生而設的「課程乙」。為配合發展需要，學校添置視聽教材及增加圖書館的英語書刊。英文科以加強閱讀和寫作為重點，課內課外規定學生按能力閱讀指定數量的英語文章和讀本，或回答問題，或寫閱讀報告。在每天英語課開始時，老師與學生進行幾分鐘的口語對答或短講，務求每位同學都有機會開口練習英語。教師充分利用語言實驗室和視聽教學室，通過教育電視、電影片段、英語歌曲、聆聽測驗等活動，讓學生接觸英語場景，強化聽說能力。

此外，英語課外活動也是一個提高英語水平的重要助力。英文科每年舉辦大型的全校性英語活動「English In Action」，全體英文科老師投入，以班為單位，每位學生都有參與的機會。開始時，這只是一個英語的年度比賽，

全校性英語活動

其後，經過有計劃的安排，活動形式以五年為一個循環，讓學生在整個中學階段能有不同的學習經歷。這是一個長壽節目，在往後二十多年中，學生透過歌唱、朗誦、戲劇、拼字(scrabble)、問答比賽等形形色色的活動，提高英語學習的興趣和能力。

1984 年，17% 的應屆中五學生第一次報考乙卷，合格率達 95%。亮麗的成績，證明在「教」與「學」兩方面有所改進後，接受母語教學的學生，英語能力亦可以得到提升。

1987 年，馮敏威校長親自帶領中文科組老師，在全校範圍內開展中文朗誦的推廣和訓練，利用 9 月「頌歌迎國慶」活動，開展班際集誦和獨誦比賽，普及朗誦文化，並從中挑選表現突出的學生八十多人，加以訓練後，參加學校朗誦節。中文科老師群策群力，共同分析研究誦材內容，交流演繹設計的心得。同時走訪朗誦前輩麥思刈老師，虛心請教，獲益良多。出賽前進行觀摩演出，請麥思刈老師當評判，讓師生均能聽取專業意見，在實踐中逐步提高。參賽者亦能彼此取長補短，相互鼓勵。

1988 年，第四十屆香港學校朗誦節，科組要求每位老師都參與訓練集誦，從而提升訓練技巧。這一年，全校參賽學生二百多人，最終獲中三、四級散文集誦（粵語）冠軍，中三、四級二人對話冠軍，高春燕同學獲中三女子散文獨誦冠軍。1989 年，獲中五、六詩詞（粵語）男子組及中三、四詩文兩項集誦冠軍，侯江同學獲女子組詩詞獨誦（粵語）總冠軍。

多年朗誦比賽的訓練和經驗的累積，使每位中文科老師都具備了專業的朗誦培訓能力。普及朗誦訓練的成效顯著，學生對朗誦藝術和中國文學作品的欣賞能力大大提升，從最初的台上表演，台下訕笑，到後來台上台下均十分投入，彼此切磋交流，而學生的集體榮譽感亦增強了。

品德教育　從心出發

學校透過系統設計的週會課，由老師或校外人士與學生討論人生理想、學業、青少年的責任、香港社會問題等。班主任通過早讀課和組織班會活動，及時了解學生成長中的困擾，予以輔導或教育。除家訪及家長日外，鼓勵教師經常與家長聯繫，溝通學生情況，爭取家長的配合。

班主任引導學生每天閱讀報章，關心國家、關心社會；鼓勵和組織學生參與社會活動和社會服務，如列席區議會會議、參加賣旗籌款和紅十字會青年團的服務活動等等，加深對社會的認識，提高對社會的責任感。

南極探險家李樂詩
和同學分享經歷

一九八八年舉辦
「公民教育展覽」，
介紹公民權利和政
制發展。

回應教育署在 1984 年底公佈的《公民教育指引》，學校開設了公民教育科，並通過各式各樣的活動，如國慶活動、領袖生和畢業生回內地參觀，提高學生對祖國的認識，增強民族自尊心和愛國觀念。

學生會每年舉行的代表會和幹事會選舉，是學生學習履行義務和權利、實踐民主自治的好場合。學生會舉辦校慶活動、「五四雙週」、夏令營、領袖訓練營和各類文體活動，大大提升領袖生的組織能力。

一九八九年獲「清潔香港運動中西區青少年活力匯演」中學組全場冠軍，並獲海報設計及模型設計兩項冠軍。

參加中西區區議會主辦「昨日、今日、明日」展覽活動，以「街頭趣談」獲最佳資料整理冠軍。圖為教育署署長李越挺在參觀本校展品。

泳課

中六同學肩負
運動會計時的
重任

體藝活動　普及提高

文康體藝活動不只豐富了同學的學習生活，還可以增加同學的知識和鍛煉他們的能力，因此也是培養人才的一個途徑。

八十年代，漢華中學的文康體藝活動全面展開。體育科除田徑、球類訓練外，增設了游泳課。每年的校運會是「全民運動會」，學生須自選「一田一徑」項目參加競賽；舉辦水運會，鼓勵學生「人人落水」，在做足安全保障下，讓學生得到體能和意志的鍛煉。此外，學校還成立了十多個學術性、藝術性和服務性的學會，學生按照自己的興趣選擇參加，在教師指導下，定期舉行活動。

在普及基礎上，學校成立了各項體藝隊伍，如田徑、游泳、體操、籃球、足球、乒乓球、朗誦、舞蹈、合唱、書畫等，選拔學生代表學校參加對外比賽。這些隊伍都是利用課餘時間進行刻苦的訓練，他們在比賽中取得了很好的成績，為自己的人生增添色彩，也為學校增加榮光。當中湧現出不少表表者。

1980 年，鄧榮富同學在全港校際游泳賽中，獲甲組 100 米仰泳、200 米四式泳冠軍和 4 X 50 米四式接力亞軍。按大會規定，每位運動員只可參加兩個單項和一項接力。在大會紀錄中，能在該組獲兩金一銀成績的，僅鄧同學一人。

1983 年，黎文京同學參加校際中學體操比賽，囊括女子甲組全能冠軍及自由體操、跳馬、平衡木和高低杠四個單項冠軍；1984 年參加校際中學體操比賽，蟬聯女子全能冠軍和自由體操、平衡木和高低杠三個單項冠軍。同年，參加全港體操公開賽，獲女子全能冠軍。黎同學曾代表香港往澳洲參加西太平洋及英聯邦體操邀請賽，及往印度參加亞運會體操比賽。

1984 年至 1986 年，吳育聰同學先後打破了香港初級組鉛球、鐵餅的紀錄，南華會鉛球、鐵餅的紀錄和學界鐵餅紀錄，曾代表香港參加第一屆亞洲青年田徑錦標賽和粵港澳學界田徑錦標賽，並獲香港業餘田徑總會選拔為 1986 年全港最佳青少年運動員。

1985 年，周冬雲同學獲全港鐵餅十傑第三名。1986 年，獲全港學界田徑運動大會女甲鐵餅第一名，並代表香港參加省港澳學界田徑錦標賽。

1988 年，翁金驊同學獲選進香港青年隊，參加第十屆亞洲男子籃球錦標賽。

1989 年，趙健成同學代表香港參加省港澳學界埠際田徑比賽。

舞蹈隊參加學界舞蹈節中學東方民間舞比賽，亦屢創佳績。先後以 1982 年的《盜仙草》、

體操運動員黎文京

鉛球、鐵餅運動員吳育聰與教練程英圓老師。

舞蹈《理想的呼喚》

翁金驊（後排左二）與隊友及教練林德榮老師合照

1984 年的《牧馬人之歌》和 1987 年的《理想的呼喚》，獲得甲級獎。

三

漢華四十　匯聚力量

1985 年 12 月，學校慶祝四十周年校慶。來自菲律賓、廣州的校友代表團回到母校，與香港的校友歡聚一堂，一起緬懷昔日同窗之誼，感謝老師的栽培和關懷，並在校慶文藝聯歡會上表演。黃校長在特刊《漢華四十年》發表〈回顧與前瞻〉，指出香港已經進入回歸祖國的過渡時期，培養治港人才是香港教育界光榮的歷史任務。

「松濤社」成立

1985 年，「漢華中學松濤社」成立，旨在聯繫長期服務漢華的老教工，以達到團結互助、共謀福利的目的。第一屆幹事會主席為諸兆庚，財務陸民燦、聯誼張慶昌、福利林少蘭、文書何泉。

海內外校友組織相繼成立

在 1945 年至 1985 年的 46 年，學校已經有三十六屆中學畢業生，加上夜中學和專科

畢業生，人數共五千多人。當中，除了在本港、內地升學和海外留學以外，每年都有為數不少的畢業生加入本地銀行、貿易、運輸、新聞、演藝等機構工作。他們分佈在香港、內地和世界各地，並在各自的崗位上有所貢獻。他們對母校的感情，也匯聚成為對母校強大的支持力量。

廣州校友會成立時
全體出席校友合照

廣州校友會

　　1984 年 12 月 23 日，「漢華中學廣州校友會」成立，宗旨是聯絡於建國初期回到內地升學、參加建設的老師和校友，增進友誼。早在 1979 年 12 月，在穗部份校友首次相約慶祝母校校慶座談會。會上，張泉林老校長提出，「一年抽出一天時間，想想漢華母校的事情。」自此揭開了籌備廣州校友會的序幕。成立時，會員人數一百五十多人。當天到會校友和教工一百多人，學校創辦人李鴻釪、彭會和鍾國祥出席了成立大會，學校代表諸兆庚副校長和張慶昌老師，聯同校友會代表專程赴穗祝賀。會上推選了第一屆理事會，由張泉林校長、李煥華校長、李門老師、李光中老師擔任名譽理事

黃建立校長與在穗師生商談籌組廣州校友會事宜

長，鍾贊祥當選理事長，蔣家玲、葉振邦、吳俊明為副理事長，姚瀛洲等 23 人為理事。

大專同學會

1985 年冬，一群就讀本地大學及專上學院的漢華同學發起籌組大專同學會，旨在加強彼此間的聯繫。1986 年 2 月，「漢華中學大專同學會」正式成立，開展學術、聯誼及交流活動。同時，通過「功課輔導計劃」幫助母校的師弟妹解決學習困難，並協助畢業生了解及面對升學問題。首屆會長馮志泉，副會長曾世雄。2013 年，「大專同學會」與年青校友組織「漢友新動力」的大專部合併。

菲律賓校友會

1986 年 9 月，「漢華中學菲律賓校友會」成立。六十年代，不少福建籍華僑子弟來港入讀漢華中學，後移居菲律賓，仍不忘母校的教誨，決定籌組菲律賓校友會，以團結校友，發揚互助精神為宗旨。

1986 年 8 月，選出了第一屆理監事，首任監事長蔡修艇，理事長蔡天壹，執行副理事長陳光曦，副理事長李清江、林金山、蔡爾文，秘書長唐文燦。9 月 20 日，漢華中學菲律賓校友會成立暨第一屆理監事就職典禮在馬尼拉希爾頓大酒店舉行，出席者包括旅菲百多位校友和親屬，黃建立校長、校友會宋偉澄會長、邱瑞芬理事長等代表專程出席，到會的嘉賓包括中國駐菲大使館湯覺民參贊、多個友好校友會和當地僑團代表。

我們那個時代的經歷反映了特殊的歷史時期華僑的艱辛。我們是在日戰後解放前出生的，出生不久冷戰開始，中菲斷絕了來往，我們就沒見過在菲律賓的父親了。

上世紀五十年代末到六十年代初，中國遭遇三年經濟困難，政府讓僑眷申請到菲律賓和親人團聚，但那時候菲中斷交，我們當然去不了，所以就在香港住了下來。我是 1960 年底從家鄉福建晉江，經澳門偷渡來到香港的。當時香港社會風氣不好，父母最怕小孩變壞做阿飛，都把孩子送到校風較好的學校如漢華、福建、培僑和蘇浙讀書。我進漢華中學從小學五年級下學期開始唸到中學畢業，那時人地生疏，語言不通，英文連二十六個字母都不懂，非常之不習慣，記得當時學校為了照顧眾多的福建籍新移民學生，還開了一班特別班，清一色是福建人。

六十年代中期起，菲律賓政府放寬了移

民政策，很多居住在香港的閩籍菲律賓華
僑家屬移民菲律賓和家人團聚，我就是
1972 年來到菲律賓的。像我一樣從閩南移
民到香港的福建人，為數不少。當習慣了
香港的生活，又要移民到另一個人地生疏、
語言不通、文化習俗不同的異國之鄉，一
切要重新學起，有些人還因手續問題坐過
移民監，那種辛酸只有自己知。那時來菲
律賓的香港人以漢華、福建、培僑和蘇浙
這四所學校的校友最多，他們先後組織了
校友會。就我們漢華校友來說，由於受到
母校愛國主義的教育，很多還經歷過一段
國內的社會主義的教育，所以都有一股愛
國愛鄉的情懷，保持着中華文化的優良傳
統，雖然來時年紀都偏大了，很少有機會
再受正規的教育，但在謀生條件比人差的
環境下，都能保持初心，走正道，經過不
懈的努力，落地生根，建家立業，有些校
友還在不同的崗位上出人頭地，表現優秀，
真是難能可貴，這也是漢華之光。

——唐文燦，菲律賓校友，

〈人生的足跡〉，

2016 年 8 月 31 日

一九八六年
漢華中學菲
律賓校友會
成立

香港校友會自置會所

1987 年 1 月，香港校友會提出籌建會所
計劃，開展籌款工作，籌得 130 萬。1989 年
9 月 23 日，在灣仔道永德大廈自置的會所開
幕。新會所成為校友聯誼、聚會、進修的好去
處，既有利於為會員提供福利，更完善了屆別、
行業校友的聯絡網，擴大了會員隊伍，繼續支
持母校的發展。

鄧統元副校長（前排右二）與赴京出席《中英聯合聲明草簽儀式》的香港各界觀禮代表合照

── 四 ──
積極應對　力爭資助

1981 年，港英政府邀請經濟合作發展組織（OECD）的專家，對香港的教育制度進行全面檢討。1983 年發表的報告，指出香港的教育制度需要全面檢討，理順管治架構，提升質量。1984 年，成立教育統籌委員會，對各個層面和領域的教育問題進行檢討和提出改革方案。[15] 1984 年 12 月，中、英簽署關於香港問題的聯合聲明，香港進入「九七回歸」的過渡期。過渡期的香港教育也掀起了各層面的改革。1984 年至 1997 年 13 年間，教育統籌委員會先後發表了七份報告書，香港的教育發展踏上新的台階。[16]

黃建立校長鼓勵全校學生積極迎接香港回歸祖國：「香港開始進入一個新的歷史時期，香港的前途光明，你們將會成為真正主人，將會有機會運用你們的聰明才智參與治理，要繼續努力充實自己，看清形勢，振奮精神，迎接各種挑戰。」[17] 1985 年，學校提出「提高質量，培養人才，積極參與，迎接九七」方針，作為過渡時期的方向。

當局自 1972 年推行六年免費教育，並計劃在其後幾年透過向私立中學購買初中學位，推行九年免費教育。漢華中學、香島中學、培僑中學、福建中學、重生中學和旺角勞工子弟學校等六校，自 1977 年起連續數年要求加入買位計劃，均遭當局拒絕。

1986 年底，漢華、培僑、香島、福建、

重生、勞校等六所非牟利獨立中學，向教育署
申請轉為資助學校。六校的要求，得到香港教
育專業人員協會會長司徒華、私立學校聯會會
長譚萬鈞、中學校長會主席張振國、中文大學
高級講師鄭肇楨、香港大學教育學院副院長譚
添鉅、教育統籌委員會成員楊寶坤等人的公開
支持。[18] 1987 年 2 月，教育署答覆，表示要等
待教育統籌委員會檢討資助教育發展後才能作
決定。3 月 30 日，六校校監聯名向教育統籌委
員會主席利國偉遞交意見書，懇請把六校轉津
的要求列入教統會的議程。4 月 7 日，六校校
長舉行記者招待會，表示六校的學生都是納稅
人子弟，應有權利像其他學生一樣接受資助的
教育，當局不應該以政治理由拒卻。

　　1987 年 8 月，黃建立辭任校長，仍繼續擔
任校監和信託局主席。馮敏威接任第五任校長。

　　1988 年初，教育統籌委員會提出檢討私
校政策，將重新肯定私立學校的地位和貢獻，
對辦理完善的私校予以資助。有關政策在 1988
年 6 月教育統籌委員會第三號報告書中公佈，
提出對已達到相當高教育水準的私校推行一項
新的計劃「直接資助計劃」，並預計 1989 年
實施。漢華等六校隨即決定申請加入「計劃」。

　　1991 年 9 月，漢華中學成為首批「直接
資助計劃」的學校。

—
第五任校長
馮敏威
—

馮敏威，1951 年香港出生，先後入讀石硤尾
官立小學和何文田巴富街官立中學。早已立
志從事教育事業。1969 年到漢華中學小學部
任教。他不論課內課外對學生都關懷備至，
假日經常與同事不辭勞苦，不懼風雨，到摩
星嶺、鋼線灣探望居住棚屋的學生家庭，又
到大嶼山三鄉家訪學生農戶，並參加勞動。
1973 年入讀浸會學院中文系。畢業後重返漢
華，在元朗分校任教中文及歷史科，並擔任
行政工作。1982 年，回到青蓮臺正校任教。
1985 年出任副校長。

1987 年，馮敏威接任第五任校長。

漢華中學堅持愛國教育和母語教育，受到香港教育界德高望重的學者讚揚。香港大學中文系羅慷烈教授強烈批評「香港教育政策和課程絕不鼓勵中國學生在文化和思想上向自己的民族和國家認同，因而導致學生的國家觀念十分冷淡，幾乎數典忘宗了」。他表揚漢華中學在推行愛國教育的神聖任務上，「非常成功，令人肅然起敬」，而且「多年來在重英輕中的逆流中堅定不移，是一項值得驕傲的成就」。[19]香港樹仁學院監督胡鴻烈博士批評香港的教育制度「一向欠缺明確目標和長遠方針，令學生將全部精神時間放在課本知識的學習上，而忽視了其他方面的發展」。他讚揚漢華中學「能在這樣的環境中，突破教育制度的桎梏，創立了自己的風格，的確是為香港的中學教育樹立了良好的楷模」。[20]

八十年代校徽

結 語

漢華中學在二十世紀八十年代勇對生源短缺及財政困難的威脅，但仍然堅守辦學初心不動搖，接受時代考驗，積極求變，不斷進取，捕捉時機，成功地轉型為直接資助學校，這正是漢華精神的體現。

1　黃建立校長：〈回顧與前瞻〉，《漢華四十年》，1985 年，頁 17。

2　摘自《基本法與香港回歸十周年》，香港：華商出版公司，2007 年 6 月，頁 6 – 15。

3　教育經費佔政府支出的比例，由六十年代平均 10% 增加到 16%，最高峰的一年達 20%。

4　《政府人口統計報告》，1972 年。

5　因為香港被歐洲共同市場指責使用 16 歲以下童工，藉口對香港的出口產品加以限制。

6　部份班級的學生沒有自己的固定課室，利用其他班級在體育課或在專科課室騰出課室上課，這樣安排，可以增加學校學生的收容量。

7　教育司署署長陶建（Topley）公開聲稱這項措施是一種公共方便。

8　譚萬鈞：《香港時報》，1988 年 10 月 16 日。

9　黃建立校長：《漢華中學畢業典禮特刊》，1988 年。

10　根據歷年的《香港年報》計算出來。

11　黃建立校長畢業禮致辭，《漢華畢業典禮特刊，1980 年 7 月 6 日》。

12　黃建立校長畢業禮致辭，《漢華畢業典禮特刊，1981 年 6 月 7 日》。

13　黃建立校長畢業禮致辭，《漢華畢業典禮特刊，1982》。

14　《漢華四十年》，1985 年，頁 69。

15　《香港教育透視：國際顧問團報告書，1982》，香港：政府印務局，1982 年。

16　1945 年後香港教育發展的重點是逐步普及基礎教育，擴大高中學位，並為多元化的經濟發展提供不同類型的人力。但在發展過程中，很多時候採取權宜之計，缺乏長遠規劃，因而衍生了不少為人詬病的教育問題，長期沒有妥善解決。最突出的是「重英輕中」的教育語言政策、僵化和考試主導的課程、純為分派學位而設的考試、對私立學校的排擠、對愛國學校長期的打壓和邊緣化等。

17　《漢華中學畢業典禮特刊》，1984 年。

18　《漢華中學畢業典禮特刊》，1987 年，頁 32。

19　在漢華中學畢業禮上的致辭，1985 年。

20　《漢華中學畢業典禮特刊》，1986 年。

轉型直資謀突破
追求卓越闖新途

「漢華精神」貫徹於各項活動和工作中，

憑着它，漢華人走到一起來，共同奮鬥。

漢華有一批有能力的骨幹，有的多才多藝，有的點子多，

有的很會發動群眾，最重要的是他們都很認真很負責，

任勞任怨。

老師們既能突擊工作，挑燈夜戰；

又能持久作戰，而不耽誤日常教學工作。

我們的群眾基礎十分雄厚，

使我們發動群眾、依靠群眾的方針，

完全可以落實。[1]

——甘鉅廷

自 1984 年 12 月《中英聯合聲明》發表後，香港進入回歸過渡期。1985 年 12 月，中國政府在香港成立了由香港各界人士 180 人組成的基本法諮詢委員會及有廣泛代表性的基本法委員會，經過四年的商討，在 1990 年 2 月頒佈《中華人民共和國香港特別行政區基本法》，奠定了香港在 1997 年 7 月 1 日回歸祖國後實行「一國兩制、港人治港」的藍圖。在香港回歸的過渡期間，曾出現因政制發展爭拗和對前景欠缺信心而引起的移民潮，約有 55 萬人在 1987 至 1995 年間移民外國。[2]

九十年代是香港進入回歸祖國的後過渡期，也是香港經濟發展從新興工業化經濟走向服務型經濟，並與內地經濟更緊密聯繫的轉型時期。在這段時間，香港有 80% 的製造業轉移到內地，製造業就業人口由八十年代高峰期所佔的 40% 下降至 12%，與此同時，服務業在香港經濟的地位迅速上升，每年以平均 16% 的速度增長，在出口貿易、金融、地產、運輸、旅遊等行業帶動下，至 1996 年成為主導，佔本地生產總值的 84%，總就業人數的 79%。香港與內地商貿聯繫更加密切，內地成為香港最大的貿易伙伴和香港產品的第一大市場。兩地貿易額所佔比重逐年上升，至 1997 年達到總額的 36%。[3]

一
全力以赴　轉型直資

經過八十年代的大調整後，漢華成為一所規模雖小，但校風淳樸、教學效能高、德智並重、體藝蓬勃、設備完善的「精緻型」學校。在 34 位教師中，學位教師 19 人、文憑教師 5 人、修讀教師訓練班 6 人。[4] 學校擁有化學、物理、生物實驗室和 9 個專用的教室，電化教學普及。學校抱着「有教無類」、「把學生教好」的教育理念，透過教與學的改革，提升教學效能，在公開考試中取得良好的成績。1990 年，中學會考科目合格率達 85%（全港 64%），優良率達 31%（全港 19%）；高等程度會考科目合格率達 72%（全港 61%），優良率達 37%（全港 24%）。85% 的應屆預科畢業生能考進中文大學、理工大學和其他大專院校，證明學校能指導學生達至很高的增值。

1990 年，漢華把握時機，申請成為第一批「直接資助計劃」（下稱「直資計劃」）學校。事緣在 1988 年，教育統籌委員會發表第三號報告書，指出政府「沒有就私立學校本身制定一套整體的政策，只是着重填補政府和資助學位不足所需的學位數目，透過這些學校提供較廉價的學位」，「沒認識到一個強大而獨立的私立體制可能提供的教育利益」。報告書

提出：「在香港這個多元化社會，實力學校應該有現行教育制度下發展的餘地」，「如私立學校能達到足夠的高水準，應作為學位長期來源的一部份」。報告書提出要在 2000 年終止買位，並且建議當局應當對那些已達到相當高教育水準的私立學校推行一項新的直接資助計劃 (Direct Subsidy Scheme, DSS)，鼓勵私立學校發展為一個強大的體制，同時讓學校有充分自由去訂定符合基本教育標準的課程、學費及入學資格，「政府要修改條例，批地予非牟利學校」。[5]

1989 年 10 月，教育署宣佈將會在 1991 年落實「直資計劃」，並把計劃的對象由原本的私立學校（非牟利獨立私校、買位私校、國際學校）擴展到政府資助學校。然而，教育界對「直資計劃」提出了強烈的負面批評，認為它會導致學校分化、貴族化、鼓勵精英主義、破壞教育公平原則，再加上轉直資後要脫離政府派位計劃自行招生，所以辦學團體的反應十分冷淡。一批有教會背景，接受政府補助的名校，雖然經過教育及人力統籌司楊啟彥、教育署署長李越挺大力遊說鼓勵，但也鑒於校內老師和家長的反對而對申請卻步。[6]

漢華校董會在 1990 年 2 月決定申請參加，目的是取得應有的教育資源以減輕家長的負擔，同時，既可保持傳統特色，又可以發揮學校發展的靈活性。為了達到教育署對參加「直資計劃」的具體要求，[7] 學校一方面調整教師隊伍的專業結構，另一方面着手擴建實驗室、專用教室及圖書館。全校上下一心，出謀獻策，在很短時間內完成任務。大家不計得失，全情投入，以及對學校不得已的措施的體諒和支持，再度體現了代代漢華人克服重重困難和壓迫的那股堅毅不屈的精神和團結力量。

9 月，在不知漢華明天的關鍵時刻，甘鉅廷博士承諾為漢華出力，毅然應聘成為第六任校長，帶領漢華走進新的歷史階段。原校長馮敏威轉任副校長，專責教師專業發展和教學改革。

1991 年初，教育署通知學校獲批加入「直資計劃」。漢華中學遂成為全港第一批九所直資學校之一。[8]1991 年 6 月的畢業典禮上，全體教師合唱一曲《順流、逆流》，台下熟知漢華所走過的崎嶇道路的老教師和老朋友們都眼泛淚光，他們的抽咽聲伴隨着台上的歌聲。漢華中學在面臨發展的瓶頸時仍堅持初心，奮發圖強，抓住契機，爭回被港英政府長期剝奪的辦學資源。

學校轉為直資以後，仍然需要自行招生。[9] 新學年開始，學校立即減收學費：初中由每年

第六任校長

甘鉅廷

甘鉅廷，1939 年香港出生，1960 年金文泰中學畢業，1964 年香港中文大學化學系畢業，後遠赴加拿大 McMaster 大學深造，獲化學博士學位。

甘博士在加國時已參與留學生的愛國活動，積極關心國事。1969 年，他懷着做一些愛國實事的理想回到香港，不久後加入培僑中學擔任教席，並歷任副教導主任、行政委員等職。

1990 年，應聘為漢華中學第六任校長。

表一行九人，[10] 訪問漢華中學。這是委員會視察的第一所直資學校。當天，黃建立校監向代表們介紹學校從 1945 年創辦以來的主要情況，接着，巡視了整個校舍各個專用室和課室。代表團對實驗室的面積和設備都感到滿意，對保存了四十多年由師生製作的生物標本很感興趣，認同天台籃球場和綜合使用的禮堂基本可應付學生活動的需要，並建議圖書館進一步更新圖書。參觀中，他們走進了一些正在上課的專室，看到學生的禮貌、紀律和學習態度，覺得學生很不錯，看到各處的壁報，感到具有中文中學的特色，看到各種各樣的活動通訊，覺得學生會和各學會是活躍的。他們在這個面積不大的校舍中參觀，感覺空氣清新，設備良好，也感受到四十多年的辦學傳統。

3,000 元減至 1,000 元，高中由 4,000 元減至 2,400 元，大學預科由 4,200 元減至 2,800 元。1996 年，中學部增至 19 班七百多人。1998 年，除自行收生外，直資學校可加入政府的「中一派位計劃」，派位原則是：申請學位者「不選不派」。

　　1992 年 2 月 26 日上午，「私校檢討委員會」主席葉敬平校長，帶領成員和教育署代

一九九二年私校檢討委員會視察本校

參與籌組
「香港直接資助學校議會」

1991年政府推出直接資助計劃，至2000年，共有20所學校參加。

為發揮直資學校間團結互助和維護學校權益，直資學校校監和校長共同商議組成「香港直接資助學校議會」。2000年3月，召開會員大會，會上投票選出馮敏威校長任創會主席。

二
致力發展　教師專業

學校轉為「直資」以後，資源較為充裕，可發揮更大的主動性，着力教師專業發展，革新教學，加強德育及公民教育，調適課程，使

一九七九—二〇〇五時期的校徽

學生的成績不斷攀升，充分發揮母語教學優勢，並為各個學科，尤其是中英數三科打好基礎，注重培養思考分析能力，鼓勵學生廣泛閱讀，自覺學習，建立終身學習的觀念，使畢業生有良好的兩文三語水平。此外，為了更有效提高英語水平，自1991年開始，在初中實行按英文程度編班，在高中則按英文程度分組教學，更有利於因材施教，拔尖補底。各科組研究提高學生的學習興趣，進行有效的教與學，並積極組織和學科有關的學會。

1995年，為更有效分配學科教節，保證教學計劃的實施，學校把一周五日上課制，改為六日循環制。[11]

學校重視教師的專業發展和成長，邀請專家到校進行各類專題講座；全校老師到本港及內地學校探訪交流；透過各科專題會議、示範教學，提高學與教的水平；幫助教師發展各類工作技巧；鼓勵教師參加各教育機構和團體舉辦的講座和進修課程，給予工作的特別編排和經費資助等。

各科的資深老師和新入職的教師結為伙伴，建立師徒制，加快新教師的專業成長。

談到漢華的隱性師徒關係，地理科是典型例子。我讀中四那年，任教地理科的是葉國謙老師和李凱老師。升上預科的時候，關穎斌老師教我們地理。那時他是新老師，樣子年輕，出外考察時，旁人總以為他也是學生。他的師傅，就是葉國謙老師和李凱老師了。現在，李老師早已榮休，葉老師從政，而關老師當然已經是經驗豐富的師傅了。我就是關老師和當時尚未退休的李凱老師提攜成長的。

李凱老師是那種開明、慈父型的師傅。

1997年我剛入職漢華，他就把自己積累多年的「秘笈」（筆記）交給我。全是他的手稿，表面有點破舊，但內容精要，還有不少手繪的簡圖，簡直就是一本從未出版的參考書，而且更是符合要求的參考書。後來我提議把這本「秘笈」打印為電腦版本，以便增刪資料及保存。起初我還擔心李老師不高興，因為這樣變相改動了原創版本。李凱老師卻輕鬆地贊同了，而且還繼續沿用這個「翻版」教材。教學第二年，任教預科地理，而坊間有關這方面的參考資料

全校教師到本地中學參觀學習

不多。當時的關師傅一下子就把自己八大本厚厚的預科筆記給了我，還有一些坊間已經買不到的參考資料。兩位師傅開明無私的態度，到今天仍深深影響着我和黃鑑明老師。我們總是經常和其他地理老師分享自己的教材和經驗，毫不吝嗇。

我校師徒制早已形成風氣，新教師上任皆有一位資深教師予以專業扶持。除了將自己的成果傾囊相授外，更重視彼此觀課，師傅觀徒弟課，親自給予指點；徒弟觀師傅課，身教更勝言傳。

十一年教學的成長路上，我深深感受到師徒制是新教師和資深教師的一個互動學習過程。在師徒制下，新教師縮短了適應環境的時間，增強了遇挫折的鬥心和信心，提升了教學能力；而資深教師則提升了評課和教學的水平，亦從新教師身上感受到活力和衝勁。推動師徒制，對學校團隊精神的建立，增加教師對學校的歸屬感，對協作文化的建立，以及對教學素質的提升，都起了關鍵作用。

——地理科主任黃詠文，
〈我校的隱性師徒制〉[12]

自 1993 年起，學校每年均提名教師擔任教育署課程發展議會和考試局科目委員會委員，目的是參與課程的製訂和檢討，促進教學及教師專業發展，為全港中學的課程發展作出貢獻，同時也把外校的經驗帶回來。

1995 年，馮敏威副校長應邀參加課程發展議會《學校公民教育指引》修訂工作。1996年發表的新修訂《指引》，提出了學生需對國家加深認識和負起公民責任。[13]

既是培訓者　也是學習者

自 1996 年起，漢華成為香港大學教育學院「大學－中學伙伴計劃（中文科）」的試點中學。「計劃」的宗旨是大學與中學在為教師培訓創造良好條件的大前提下共同協作，為實習教師提供各種支援。實習老師在漢華八周的教學實踐、互相觀課、參與各類會議、大型的班級活動和教師活動中，對漢華的辦學理念、老師敬業樂業的教學精神、融洽的教職員工關係和師生關係，都有廣泛而深刻的體驗，有助他們日後從事教育工作的專業發展。再者，港大的謝錫金博士、岑紹基先生、羅燕琴小姐和馮瑞龍博士曾多次到校指導，特別是馮瑞龍博士親作教學示範，學校中文科老師及部份其他科老師皆旁聽取經。大學的中文科教學研究成

獲委任為課程發展議會科目委員會委員的老師，左起：李佩珍、李燕萍、李雁怡、甄佩濃、黎照雄、馮敏威、李孝治、黃國權、卓清、鄧志賢、冼麗雲

果的演示，讓老師們擴闊了教育專業視野，[14] 獲益良多。

此外，多位教師曾應邀於講座、工作坊和新教師入職培訓課程中，就公民教育、班級經營、中文科、化學科、中六中國語文及文化科教學設計、朗誦技巧等專題，與教育界同工分享經驗。

────── 三 ──────

超越課堂　學會學習

2000 年教育統籌委員會和課程發展議會公佈課程發展路向文件，指出學校應為學生提供以下五種學習經歷，以配合教育目標中「德、

1997 **年度獲委任為課程發展議會科目委員會委員的老師**

姓名	科目	委員類別
馮敏威副校長	中學公民教育科	主席
李孝治博士	中六化學科	教師委員
卓　清老師	中六中國歷史科	
李佩珍老師	中六歷史科	
冼麗雲老師	中六英語運用科	
鄧志賢老師	中學生物科	
李燕萍老師	中學中國歷史科	
黃國權老師	中學經濟與公共事務科	
甄佩濃老師	中學數學科	
李雁怡老師	中學普通話科	
黎照雄老師	中學科學科	

智、體、群、美」五育的發展，以助全人發展：在德育及公民教育方面，培養個人品格及人際溝通技巧、對他人的尊重、堅毅的意志和國民身份的認同；在智能發展方面，奠定穩固的知識基礎和樂於學習；在社會服務方面，培養勇於承擔的精神和責任感；在體藝發展方面，建立健康的生活方式和懂得欣賞美好的事物；在與工作有關的經驗方面，把學習與職業抱負及就業機會連繫起來。

上述文件關於「全人發展」的理念，是九十年代教育界在課程探索方面的經驗歸納。漢華中學正是其中的積極探索者和踐行者。

漢華中學成為直資學校之後，資源得以改善，也正值香港進入回歸的後過渡期，在新的條件下按照學校「提高質量，培養人才，積極參與，迎接九七」的辦學方向精益求精。

「伙伴計劃」小組會議
右起：港大謝錫金博士、港大羅燕琴小姐、港大馮瑞龍博士、容曼薇老師、馮敏威副校長、何永海老師、黃襯歡主任、李國礎老師

黃襯歡老師在教聯會主辦的班主任工作坊分享經驗

教師教育教學研究與經驗分享

　　曾於 1991 年至 2000 年校刊上發表的教育教學研究專題：

範疇	教研專題	作者
教育	你好環保？	蔡毓毓
	學生課餘兼職的一次調查	陳漢榮
	課堂管理的探討	鍾蔭祥
	努力提高學生的自信	黃襯歡
	班主任工作的一點體會	甄佩濃
	品德教育的探索	黃襯歡
	訓導工作的反思	陳漢榮
	跨出第一步的輔導組	伍淑儀
	在活動中進行品德教育	黃襯歡
	做新移民同學的「同路人」	伍淑儀
	訓導點滴	甄佩濃、關穎斌
	自強、自立、團結、奮進	黃襯歡
	中一教育工作點滴	宋津澄
課堂的延伸	劇藝社傳真	黎國雄
	五年朗誦訓練的實踐	黃襯歡
	一次有意義的課外活動	李 凱
	中國語文科遊戲設計	卓清、何永海、黃襯歡、容曼薇
	剪紙藝術教學淺談	陶錫城
	青蓮—紫荊集的誕生	容曼薇
	九載耕耘　喜結碩果	中文科組
	預科中國歷史文化考察	鄧志賢、嚴志峰
	中國語文科活動之廣播劇製作	黃襯歡、羅綺娘
	不斷進取的田徑運動會	王澤濤

範疇	教研專題	作者
教學	記敘文教學單元設計	卓 清
	活動教學法在數學科上的應用	盧錦全
	談高中電腦課程	何培坤
	「音標」在英語教學上的應用	李國礎
	通識教育科教學談	黃國權
	寫作教學指導（教案）	卓 清
	漢華中學實驗室——特別的四十四歲	李孝治
	從開放日到數學模型	梁兆偉
	中國語文及文化科教學回顧	馮敏威
	(英語教學) 一點嘗試	卓子紜
	設計具有「中國概念」的初中地理課程	關穎斌
	校本課程設計後感	袁振光
	電腦科成績評估的我見	何培坤
	從生活中學習中國語文及文化	馮敏威
	中文教學新里程	何永海
	（英語教學）努力嘗試　以求突破	冼麗雲
	數學科課程改革點滴	甄佩濃
	香港理科課程及教學方法的變化和發展	李孝治
	構思跨世紀的中學地理課程	關穎斌
	重新制訂中三生物課程	鄧志賢
	與預科同學談如何學好歷史科	李佩珍
	《初中公民教育科課程綱要》的我見	黎國雄
	教師培訓　初步展開	馮敏威
	伙伴計劃　共同成長	馮敏威
	地理優質教育新嘗試	關穎斌
	資訊科技教育	陳漢榮
	初中公民教育科教案示例	黎國雄

課程調適

學校繼承過往「按教與學的需要大膽調適課程」的傳統，增潤和調整課程，發揮更高成效。

在**中六中國語文及文化科**，除課程要求外，加添了在生活中學習中國文化，在傳統節日如天后誕，組織中六學生到新界各地作中國文化考察一日遊；又藉着重大的中國節日，全體預科學生分組製作專題研習報告，並展出讓全校同學觀看。透過觀賞粵劇，研討其文化內涵，對傳統文化加深感性認識。在生活中練習實用文寫作，如列席區議會會議學寫會議紀錄、集體觀看電影後學寫影評、就所在社區的問題學寫投訴信和建議書。

在**中國歷史科**，把中三的課程內容進行剪裁，多介紹近代、現代和當代中國；又開設每週一節的香港史，讓學生認識鴉片戰爭後香港被英國殖民統治的事實，特別是 1984 年中英簽署聯合聲明後香港回歸祖國的歷史。

一直以來，**理科**的成績評核都以筆試為主，因此學生只注重從課本學習知識，往往忽視了實驗技能的重要性。而中學階段理科學習離不開動手探究和親身體驗，所需的技能和經歷只能在實驗中獲得。有見及此，踏入九十年代，全體理科老師為初中各級設置每年一度的實驗試，以「分站式」進行，學生要在每站完成一項任務。當中既有知識要求，更有技能要求。評核方法主要是技能掌握程度、安全注意事項和基本認識，個別任務也要求一些實驗設計技能。實踐證明，實驗試既能考核學生的實驗技巧，更可以提高學生對動手探究科學的重視程度，亦減少了課堂分組實驗時只有部份學生動手而其餘的作壁上觀的現象。同時，老師還在實驗方法和教學技巧方面進行探索，彙集了大量實驗資料，編寫了一套校本的實驗教學講義。

鑑於**香港初中地理課程**缺乏一個完整的中國地理內容，學生對中國的概念非常模糊。1993 年開始，學校設計及推行具有中國概念的初中地理課程，安排五分之一的地理科課時教授，中一集中概論學習，中二、中三進行分區學習。高中加插專題探討，如三峽水利工程、珠江三角洲發展、唐山大地震等，配合錄像和新聞資料，讓學生學習和討論。

朗誦教學

漢華中學的學生朗誦活動起始於六十年代，普及於八十年代。在馮敏威校長、黃襯歡、卓清、何永海及一眾中文科老師的帶領下，1987 年參加香港學校朗誦節，成績斐然。在九十年代，參加朗誦活動的學生人數不斷上升，

佔全校的過半，集誦隊由兩隊增至七隊。除集誦外，參賽項目由男女子散文和詩詞獨誦擴展至二人對話、歌詞朗誦、廣播劇及即席專題演講，均取得優異成績。1992年，漢華朗誦隊應邀在第二十屆香港藝術節開幕禮中演出，及後曾多次應邀公開演出。1995年參加首屆「我愛香港」全港普通話朗誦比賽，獲少年組集誦冠軍。中五莊戰同學因獲學校朗誦節男子普通話獨誦小一至中五總冠軍而被電子傳媒賞識，畢業後成為專業配音員。從1995年起，漢華四度獲頒以參賽隊伍最多、成績最好為標準的香港學校朗誦節最高榮譽 ——「教育署長盃」。

普及朗誦教育，參加公開比賽，提高了同學對不同體裁的中國文學作品的欣賞能力和表現能力。在老師幫助下，同學熟習及弄懂誦材內容的主要精神，了解作者和時代背景，進而醞釀好情感，以情帶聲；從中掌握朗誦基本技巧，懂得如何發聲運氣，學會主音、和音、氣音、延展音等的運用，務求字正腔圓。這對學生的語文學習、應試技巧，以至日常談吐均有莫大裨益。

朗誦教學既提高了全校學生的語文能力和學習興趣，也鍛煉了他們刻苦守紀、團結合作和「勝不驕、敗不餒」的精神。中文科老師也成長為具有專業水準的朗誦指導，當中黃襯歡老師、何永海老師、卓清老師先後獲香港學校音樂及朗誦協會邀請擔任校際朗誦節的評判。

這已是我第三年參加集體朗誦比賽，也是體驗最多，感受最深刻的一次。

以前，總覺得我們中四級不夠團結，但在朗誦練習中，我深深感受了同學們為了一個共同目標，個人服從集體，團結一致的精神。

為了每個星期三早上的課前練習能準時出席，每個同學都寧願少睡十幾分鐘，少吃一天早餐，也力爭不遲到，因為每次練習就只有三十分鐘。就連平時有「李例遲」之稱的「阿楷」也一反常態，改掉例遲的習慣。

逢星期五中午的練習，我們不理會肚子裏雷鳴般的抗議，在第六節一下課便往音樂室跑，剛剛上完體育課，汗流浹背，短褲還沒換的同學也第一時間衝到音樂室，儘管大家都知道練習完後，那些飯盒已經又冷又硬了，但奇怪的是我總覺得星期五練習的聲音特別洪亮。

記得綵排前，我們發現「月色水聲」誦得不夠優美，「叮咚」收結未夠氣勢，於是一致決定要改，前後就只有半小時工夫。憑着大家的意志力，結果在綵排中以優美、悅耳的聲調誦出了月色水聲，結句的「叮咚」更是四十幾張嘴開合如一，以龐大的氣勢結束全文，博得全場熱烈掌聲。我深深地感受到巨大的集體意志力。

雖然在這次朗誦比賽中，我們因評判的原因而輸給另一隊，許多同學都激憤至落淚。但細想一下，大家都盡了全力，而且表現出色，得到了台下熱烈的掌聲，連評判也情不自禁稱讚我們「誦來堪稱一場冠冕」。這不就證明了我們是聽眾心目中最好的一隊嗎？何況這次比賽使我們體味到集體意志力的巨大和「認真」精神的重要，這個收穫不是很大嗎？

今天，我們的同學更團結了，也好像比以前懂事了，因此我們無須因拿不到冠軍杯而耿耿於懷。在校長、老師和我們心中，我們是勝利者，因為除了得不到冠軍杯之外，其他的收穫我們都有了！

現在，我們對朗誦產生了興趣。「明年朗誦節　我們必再來」已成了全隊的共同心願。

——潘恩清，中四學生，
〈明年朗誦節　我們必再來〉，
節錄自《漢華中學家長教師聯誼會會訊》，
1992 年，4 月

一九九二年朗誦隊在
藝術節開幕禮演出

具朗誦訓練專業水
準的中文科老師

香港電台隨學
生考察團出發
拍攝特輯

能和意志的磨煉。教師們不怕辛勞,目標明確,
精心設計,細緻安排,累積了大量的實踐經驗,
為日後組織大規模的「走出課堂」學習活動奠
下了堅實的基礎。

實地考察

學校非常重視培養學生的「探究精神」和
「學會學習」的能力。八十年代起,學校已多
次舉辦「生物營」、「地理營」和「體育營」,
學生在大埔濕地公園進行生物課題考察、在長
洲進行各種地形地貌學習,都有較深刻的知識
學習和體驗;在野外紮營學習求生技巧,是體

內地學科綜合考察

1995 年 4 月,第一次在內地舉辦學科綜
合考察活動。馮敏威副校長、鄧志賢老師和關
穎斌老師帶領三十多位中六學生到廣州進行中
國園林、植物生態和地理的實地考察,幾天的
活動帶給學生深刻的體會及豐富的收穫。

1996 年 12 月,中國語文及文化、中史、
通識、生物和地理科老師組織全體中六級七十
多位學生,到廣東梁園、七星岩、西樵山和順
德,進行園林、石灰岩地貌、植物生態和農村

經濟考察。香港電台隨隊拍攝，節目以「祖國心」為題，編入「春風伴我行」特輯，於無線電視翡翠台和亞洲電視播出。

此後每年學校均帶領全體中六學生穿州過省，在內地各個文化、歷史、地理的現場進行專題研習，足跡遍及名山大川。師生藉着實際接觸，深入探究學科專題，飽覽大好河山，了解民生，尋找國家進步的軌迹，思考國家面對的困難。同時，增進師生的團結合作。

漢華師生自 1998 年起，將每年的考察所見所聞、體驗及成果彙集成書，發送全港學校，與更多學校分享考察學習活動的成果。

舉隅：1998 年「山東學科考察」，為期九天。

考察日期：1998 年 3 月 27 日－4 月 4 日

考察地點：濟南（大明湖、趵突泉、千佛山、省博物館、省地礦局、黃河公園、濟南八中）；曲阜（孔林、孔府、孔廟、孔府宴）；泰山；淄博（齊魯石油化工公司）；青島（嶗山、海軍博物館、海濱、教堂）

學生組織：學生擔任正副團長，設生活組、康樂組、總務組、團刊組及 16 個學科小組

出發前準備：

　　（1）全體集中觀看了有關這次考察內容的影片《闕里人家》和錄像《孔子》；

　　（2）到圖書館搜集資料

指導老師：馮敏威副校長、卓清、李國礎、勞美玲、關穎斌、嚴志峰

考察內容：

科目	考察課題	作業
中國語文及文化科	通過對山東的名勝古蹟和人民生活的考察，了解中國的尊孔文化、封禪文化、宗教文化、飲食文化、登山文化等	1. 撰寫新聞系列報道 2. 小組考察報告
地理科	黃河的氾濫原因和減災方法、泰山和嶗山的成因、地貌、植被、氣候，以及探討泉水的形成	小組考察報告
中國歷史科	孔子一生的心路歷程 （家世和父母對孔子的影響、不仕的複雜心理活動、仕魯未竟的惆悵和失落感、以通君干政的心態周遊列國、孔子的人際關係等）	小組考察報告
通識教育科 （今日中國）	國企改革與工人下崗、鄉鎮企業的發展與經濟效益、股份制的形式與難題、工業發展與環境保護、內地學生和教師的教學生活情況等	小組考察報告

登上泰山頂途中可見∨形河谷

2000 年，馮敏威校長為內地學科綜合考察作了小結：「十多位老師連續六年的探索，為每一屆中六學生設計學科考察課程，在廣東、山東、陝西和河南等不同省份，為中國語文及文化、中國歷史、中國文學、歷史、地理、通識和生物等科目開發了一批更廣更專的學習資料。

全體中六同學從中加深和鞏固課堂知識，擴闊視野，對國家有深入的認識；同時亦培養了他們的綜合分析和思考問題的能力；學生經歷了連續多天的團體生活，更明白集體生活中互相關懷和體諒的重要。

整個課程也是一個提升學生普通話能力和體驗內地生活的機會，對學生日後學習、工作和生活有直接的幫助。」[15]

本地學科考察

自 1997 年起，每學年均選定一天為「全校學科考察日」，分級分科自訂專題，帶領學生到香港各社區、景點、博物館等，進行實地考察研究或訪問，以鍛煉他們的觀察、思考、口語、聆聽、記錄、製作報告及分工合作等能力，提高學習興趣，增強自信心。「考察日」舉行後，同學須在一星期內以小組形式完成考察報告或模型製作，並將成果在禮堂展示，互相觀摩學習。在預備工作、施行期間及緊隨的批改和總結，無不體現老師的創意與勤奮、分工與合作。[16]

灣仔利東街重建考察

舉隅：

1998 年 1 月 16 日「全校學科考察日」

安排如下：

班級	學科	考察地點	考察課題
小五、六級	常識	西貢獅子會自然教育中心	1. 昆蟲特徵 2. 果樹和藥用植物的生長
中一級	科學	海洋公園	海洋生物的特徵
中二級	經濟及公共事務	聖雅各福群會	香港社會福利、社會工作者和聖雅各福群會的現況和發展
中三級	生物	香港科學館	1. 節肢動物的特徵 2. 昆蟲小傳
中四 A	生物	汀角泥灘	1. 泥灘土壤、動物、植物的特徵 2. 紅樹林的結構特徵和品種 3. 泥灘的物理環境數據 4. 泥灘的動物分佈數據
中四 B，C	中國歷史	香港藝術館	1. 國寶導賞 2. 歷史文物參觀
中五級	地理	堅尼地城吉直街 中環畢打街 龍翔道瞭望台 葵涌大連排道 沙田渣甸山獅子亭	1. 城市及工業區的考察 2. 內城的衰落與都市重建 3. 商業中心區的形狀、結構和難題 4. 工業區的區位因素和特徵 5. 工貿大廈的特徵和成因 6. 新市鎮的概念和結構 7. 城門河的污染原因和解決方法
中六級	中國語文及文化	黃大仙祠 寨城公園	1. 從黃大仙祠看中國的宗教文化 2. 從黃大仙祠殿式建築看中國的建築文化 3. 從黃大仙祠從心苑和寨城公園看中國的園林文化
中七級	中國語文及文化	大夫第 文公祠 三棟屋 海壩村大屋	從中國傳統民居和祠堂看中國文化的「有情宇宙觀」和「家庭倫理」

這些學科考察活動得以成功舉辦，並能一直持續發展，實有賴漢華有一支不一樣的教師隊伍，為了給學生開拓更廣闊的學習天地，可以肩負沉重的責任，不顧勞累，帶着學生走遍祖國大江南北，跑遍港九新界。學生的習作和總結，突顯了他們的收穫和進步，大大鼓舞了這群辛勞的園丁。

───── 四 ─────
五育均衡　全人教育

為了提高質量，讓教育更見成效，培養更多建設香港的人才，全體教職員作了不少嘗試。

悉心輔導

輔導主任帶領級組長，針對同齡學生制定教育內容和管理措施。舉行「級教導會議」，讓班主任、科老師共同研究該級學生的學習與成長問題，以及落實相應的措施，做到對學生教育「有的放矢、人人動手」。

1995 年開始，初中部推行「好學生獎勵計劃」，按學生全年三個學期在德、智、體、群、美五育的成就，頒發金、銀、銅獎。「計劃」為學生提供一套可行的指引，鼓勵他們有目標地塑造自己的人格，循序漸進，均衡發展。

1995 年成立輔導組，配合班主任開展學生個人和小組輔導工作；組織「社會服務團」，參與社會公益事務；對學習和與人溝通有困難的同學進行輔導。

內地來港新移民，自八十年代中期起，成為漢華中學的主要生源。1992 年，學生中居港不足七年的佔 60%。直至 1998 年，每年都有百多名新來港學童插入各班。輔導組通過組織座談、問卷調查等，了解他們到港後的困難，提供適切的輔導，有特殊困難的轉介駐校社工給予協助解決。針對英文學習困難，老師為他們設計「過渡課程」（Bridging Program），給予額外的照顧；充分利用社區資源，與西區明愛中心、堅道女青年會合作，舉辦不同年級、不同程度的英文輔導和生活適應課程；也運用政府資源，聘請大學生為導師，在校內開設英文補習班。另外，組織他們參觀本地風景名勝，參與植樹、賣旗等活動，既讓他們了解香港，又培養他們建設社會的責任感。此外，在高中選出一批熱心服務的「過來人」擔當新到港同學的「同路人」，幫助他們盡快適應香港的生活。一般新來港同學入讀漢華三個多月，就基本上適應學習生活，而且在第一學期考試中，有部份同學還取得品學優異或品學良好的獎勵。事實證明，他們是漢華一支大可造就的生力軍。

社會服務團參與
街頭賑災義賣

2000年，建立「多元智能課程」學分制。課程讓學生在中學階段得到充分的體育、藝術、領袖才能、人際關係及自我認知等多元智能訓練機會，發展多方面興趣。學生每人均持有「漢華中學多元智能學習護照」，每完成一項活動或服務，均會加蓋有關主辦單位印章作記錄，給予學分，並作為操行評定的參考。這讓學生得到多方面能力的評估，有利全人教育的發展。

實踐中選拔和培養學生領袖

學校一貫重視學生的培養，為他們提供不同的鍛煉平台和實踐機會，讓他們各展所長，並從中選拔德才兼備、具責任感的學生領袖。

透過學生領袖營和一些領袖才能培訓班，如合唱指揮、集體遊戲主持、版報設計、演講技巧等，理論聯繫實際，學生在實踐中增長才幹。

學生會在提供文娛康樂活動、培養學生自治能力等方面起了不可忽視的作用。幹事在參與學生會各項活動和日常工作的過程中，增廣見識，拓寬心胸，增強了集體觀念和公民意識，提高了組織能力。

班會和級聯會也是領袖生服務同學、增長才幹的平台。各班幹事經驗交流，開展級的活

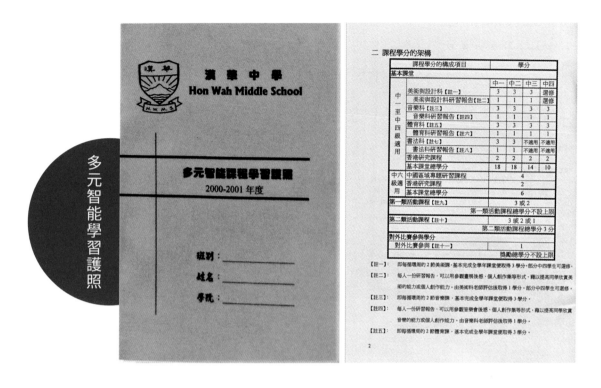

動，選舉優秀班長，為學生領袖提供更多磨煉的機會。

學校每年舉行學生領袖授章儀式，校長在新學年的集會上，向班長和紀律隊員授予工作佩章，突顯光榮而又責任重大。

1994 年 12 月，舉辦第一屆「漢華傑出學生」選舉，表彰品學兼優又熱心參與課內外活動的學生，為全校樹立好榜樣。同時，推薦品學兼優的學生參加全港及地區的優秀學生選舉，擴闊視野。

開展課堂以外的教育

廣泛開展課堂以外的教育，讓學生有廣闊的天地發展個性，學習技能。學校有一個具規模和自治的學生會組織，還有二十多個活躍的學會和活動組。學生熱情投入重大節日如國慶、校慶、五四青年節等的慶祝，積極參加大旅行、運動會、球類比賽和歌唱比賽。

1992 年 12 月，全校舉行首次「勵志歌曲競唱」，各班均須參加全班大合唱。在班會領導下，從選歌、編導、動員到組織練習，全由

領袖技能培訓班結業禮

學生負責。弟妹班為即將參加公開試的師兄師姐打氣，學生憑歌向老師表達謝意，老師亦組隊為學生打氣，氣氛熱烈非常。活動增強了學生的團結協作精神，創設了領袖生演練的平台。自此，形成傳統，每年春節前，校園歌聲處處，那些體驗是學生畢生難忘的。

1993 年起，中文文集《青蓮紫荊集》出版，它是學生優秀作品的結集，以校舍位於青蓮臺上，校門口植有紫荊樹而命名。文集是學生校園生活的反映。它的出版鼓勵了學生寫作，是難得的交流觀摩平台。

1994 年，學生自發組成「甘霖行動」，最初是為援助廣東省陽山縣大崀鄉的失學兒童而設，後來擴展至援助其他貧困山區的失學兒童，通過在師生中募捐以協助他們重返校園，並組織同學進行探訪和義教，深入體驗生活。因「甘霖」能令久經乾旱的土地再次呈現生機而以此命名。

成績攀升

經過各方努力和改革後，學生的質素和成績都有所提高。

1992 年，預科課程改為兩年。1994 年，第一批二年制預科生在高級程度（AL）會考科目合格率達 78%，優良率 23%。52% 的學生得以修讀學位課程。連同入讀其他專上課程的，共有九成學生升學。中學會考合格率達 89%，優良率 30%。[17]

1996 年，在公開試取得了 90% 的科目合格率和 30% 以上的優良率，90% 的預科畢業生能夠考進七間大學及其他大專院校升讀。

——— ⑤ ———
齊賀金禧　愛校情深

1995 年是漢華中學建校五十周年。半個世紀以來，學校經歷了很多磨練和考驗，但都

合唱團代表香港區參加北京中央電視台一九九八年春節全球華人同唱《我愛你，中國》

「勵志歌曲競唱」台上台下氣氛熱烈

憑着堅定的信念和迎難而上的精神逐一克服，並且有所創新和提高。難能可貴的是，學校師生員工、校友家長之間孕育了一股無比親切、團結如一家的感情，能夠勇於面對各種考驗，協力克服種種挑戰。

為了隆重慶祝金禧校慶，1995 年 2 月成立了由家長、教師、校友聯合組成的校慶籌備委員會，統籌各項慶祝活動，包括慶祝金禧大會、聯歡聚餐、在廣東陽山縣大崀鄉籌建金禧紀念小學、籌募漢華金禧紀念獎學基金、出版金禧紀念特刊、製作金禧紀念品系列、接待廣州校友會及菲律賓校友會來港參加慶祝活動代

廣東陽山「漢華金禧紀念小學」開幕

漢華金禧紀念章

表團等。還有校友會主辦「金禧盃」籃球錦標賽，學生的「頌歌迎校慶」、迎金禧壁報設計比賽等，教師職工的「八仙賀壽」等多種形式的慶祝活動。

籌備委員會特別發起了籌建希望小學善舉，以表示對祖國教育事業的支持。原定的籌款目標是 50 萬港元，但在熱烈的回應中，不到半年已籌得 60 萬元。1995 年 12 月，由 49 位教師、家長、校友、學生組成的代表團，前往廣東陽山縣大崀鄉出席「漢華金禧紀念小學」開幕禮，與當地官員、村民和學生近千人，見證學校的落成。

1995 年 12 月 23 日，漢華中學假香港大會堂音樂廳隆重舉行慶祝校慶金禧大會，出席的嘉賓、家長、校友師生共一千五百多人。廣州、菲律賓校友會分別組團蒞臨參加。大會由新華社香港分社張浚生副社長和教科部翁心橋部長、香港教育署關定輝副署長、香港科學館策劃總監戴明馨校友主禮。張浚生副社長在開幕禮致辭中指出：「香港的回歸在即，炎黃子孫揚眉吐氣的日子即將來臨，學校教育如何適應未來的變化，如何為香港的平穩過渡、繁榮發展和國家的現代化建設，培養高素質的愛國、愛港、建港人才，是大家將面臨的重要課題。」

90 位學生組成的合唱團領唱校歌，舞蹈組

漢華70

演出迎賓舞，揭開了慶祝金禧大會的序幕。校友會舞蹈組重演 1966 年曾獲香港學校舞蹈節東方民間舞冠軍的《採茶撲蝶》，其中不乏當年參賽的校友，她們風采依然，令人讚歎不已。校友會的男、女聲合唱，唱出了他們的愛校深情。廣州校友會五十多人，高歌他們為金禧校慶創作的《漢華金禧頌》，表達了他們曾經歷過的火紅年代及對母校的讚歌。金禧校慶大會全場氣氛熱烈、溫馨感人。

晚上，在海洋皇宮大酒樓舉行師生家長校友聯歡大聚餐，筵開 123 席。出席人數近二千人，打破了歷史的紀錄。[18]

在家長和校友的支持下，學校籌得百多萬港元，成立了「漢華中學金禧紀念獎學基金」，目的是獎勵成績優異、品學俱佳學生，用以樹立楷模，激勵後進。獎學基金由校內外人士組成的管理委員會負責管理。

張浚生副社長向漢華的拓荒者致意

歷任校長合照。左起：馮敏威、張泉林、李鴻釪、李煥華、黃建立、甘鉅廷

黃校監與五位行政教師隨教聯會訪京團獲江澤民主席接見

六

喜迎回歸　貢獻力量

漢華中學全體師生，以滿腔熱情迎接 1997 年香港回歸祖國懷抱，並積極參與各層面的活動，迎接香港特別行政區的建立。

1993 年 3 月，黃建立校監榮任第八屆全國人大代表，4 月份開會後回港，退休教師松濤社、家長教師聯會、校友會分別舉行茶聚和餐會，衷心祝賀。黃校監提出，對中學生加強愛國教育刻不容緩，有必要幫助他們認識中國歷史，特別是近代史和現代史。不知歷史就不

候任香港特別行政區行政長官
董建華先生應邀出席校慶聚餐

知中國的現在和未來，要把中國歷史設定為一科規定科目，增加份量。[19]

學校把1996／97年度定為「慶回歸年」。

12月14日，在北角敦煌酒樓舉行慶祝香港回歸倒數200天暨五十一周年校慶聯歡聚餐，候任特區行政長官董建華先生應邀出席。董先生致辭指出，「漢華中學在過去51年來默默耕耘，在比較困難的情況下，仍為香港培養了大批的人才。」他向漢華校董會和全體師生致以最高的敬意，期望漢華中學在香港回歸祖國後繼續為香港努力，培養更多的社會精英。[20]

1月及5月，漢華與濟南市第八中學開展「心脈相通，愛我中華」聯誼活動，山東電視台、中央電視台及亞洲電視台均到場採訪。師生代表將兩校學生共同製作的大型國旗致送給中國人民解放軍駐香港部隊。

3月23日上午，漢華二百餘師生、家長、校友參加港島各界慶祝香港回歸籌委會在維多利亞公園主辦的「齊步向前迎回歸」大遊行，慶祝回歸倒數100天。同學穿上色彩繽紛的民族服裝，高舉國旗、區旗及「一國兩制、港人治港」標語，載歌載舞，走在隊伍的前頭，大家心情興奮，沉浸在迎回歸的喜悅中。

3月27日，師生百餘人參加教育界在灣仔運動場舉行的「港京長跑慶回歸」活動。漢華中學的隊伍是全場最龐大的，在開幕式上步操進場，接受特區候任行政長官董建華及大會主席楊耀忠的檢閱，全場報以熱烈掌聲。

3月至5月，與重慶市的巴蜀中學進行「巴蜀漢華肩並肩，愛國愛港心相連」聯誼活動。

慶回歸期間懸掛在禮堂正中的大型掛畫，是全校師生齊動手，摺了六萬多顆幸運星，再由各班代表將星星貼在美麗的香江圖案上，象徵東方之珠永放異彩的師生祝願。

回歸倒數一百天大巡遊

「心脈相通愛我中華」聯誼活動

以六萬多顆彩
星砌出師生對
香港的祝願

積極參與　服務社會

自 1992 年起，漢華中學的校友及教師 28 人獲國務院港澳辦公室邀請擔任港事顧問及區事顧問。

港事顧問（按姓氏筆劃排序）

李連生　陳立志

區事顧問（按姓氏筆劃排序）

王　坤　宋偉澄　李寧中　李綺玲　邱帶娣

林玉珍　林康華　凌文海　馬志強　陳兆基

陳建耐　陳思誦　陶桂英　陳毓祥　陳靄群

梁志祥　梁健文　張學明　黃仲年　黃哲民

黃祥光　葉以恕　葉國忠　葉國謙　盧旭芬

鍾蔭祥 [21]

1996 年 11 月，黃建立校監和葉國謙校長助理，黃光漢、陳立志、葉順興三位校友，莊世平、陳復禮、吳錦泉三位學生家長以及張學明、鍾瑞明兩位老師均當選為特區第一屆政府推選委員會委員。

高齡教工會的宗旨是團結退休教育工作人員，開展各類文康體活動，聯絡感情，促進友誼，充實退休生活。

一九九四年觀龍樓發生嚴重塌山泥，中西區區議員葉國謙老師奔赴現場了解災情。

參與籌組
「香港高齡教育工作者聯誼會」

1997 年 6 月，前副校長鄧統元等 14 位退休教育工作者籌組創立「香港高齡教育工作者聯誼會」，並擔任創會會長。

——— 七 ———
教改大潮　勇於創新

1997 年 7 月 1 日，香港回歸祖國，成為中華人民共和國的特別行政區，翻開了歷史的新一頁。特區政府高度重視教育，認為要推動香港社會進步，必須將教育放在第一位。

1997 年 10 月，行政長官董建華先生發表他上任的首份施政報告《共創香港新紀元》指出：香港教育應「立足香港、貢獻祖國」、「面向世界」，教育的內涵要進行「文化整合」，兼收「中西文化所長」及「多樣化」以追求卓越。特區政府專門撥款 50 億元成立「優質教育發展基金」，支持學校推行「提高素質、增強創意」的工作，亦要求教師學位化和專業文憑化，提出到 2000 年所有新入職教師須符合規定的語文基準。[22]

特區政府對教育有承擔，有誠意，重視教育投資，將基礎教育經常開支增加 7.6%，並在五年內把非經常開支增加至 222 億元。1998年 2 月公佈的本年度教育總開支，在當時香港

經濟受到金融風暴打擊後未復甦的情況下，達到 552 億港元，佔全港公共開支的 19%，佔本地生產總值 4%，是 1945 年以來最高的教育支出。

特區政府以大刀闊斧、撥亂反正的手段，糾正港英統治時期造成的桎梏。把小學逐步改回全日制，糾正重英輕中，只容許四分之一的中學（約 124 間）保留以英語教學，使實施母語教學的中學，由 1997 年的四十多間增至 300 間。在此基礎上，加強推行「兩文三語」，為各校提供外籍英語教師。此外，大力開拓資訊科技，全港中小學推行資訊科技教學。1998 年 3 月發表《二十一世紀教育發展藍圖》，開展對教育目標、課程、學制及考試制度的全面檢討。定每年 9 月 10 日為「敬師日」，成立委員會，研究大學由三年改為四年。[23]

推動教育新嘗試

1998 年，教育局推出第一輪優質教育基金項目 510 個，第二輪 587 個，合共撥款 5.1 億港元。漢華各學科教師團隊，在多個教育教學的探索和實踐的範疇，積累了不少經驗，為求進一步發展，決定向「優質教育基金」申請撥款資助。連續三年共獲撥款近 200 萬元資助推行八個項目計劃。這些計劃涵蓋有效學習、均衡教育和資訊科技等範疇。

在各科目老師團隊精心策劃和推動下，各個計劃均成果顯著，使學生在智育和德育等方面得以發展，有助培養學生個人品格、人際溝通技巧及勇於承擔的精神和責任感。同時，老師團隊在課程設計、培訓學生領袖和專題研習教學中，獲得專業發展，建立教學新文化。

「優質教育基金計劃」的成果在會議展覽中心展出

1998 年至 2000 年八個「優質教育基金」計劃

	計劃名稱	負責人	內容	撥款
一	中國概念地理校本課程	關穎斌主任	**中一** 中國地理概論（地形、行政區和氣候） **中二、三** 中國區域地理（區域內的地形、氣候、城市、港口、旅遊勝地、名產、美點、交通運輸、礦產資源和工業區位） **高中** 中國專題個案研究	$380,700
二	自強、自立、團結、奮進——領袖生訓練計劃	黃襯歡主任	工作坊、訓練營、集體遊戲主持培訓與實踐、領袖生形象培訓、團隊活動、在內地山區小學當一天導師、興趣熏陶與技能學習	$101,000
三	中一級廣泛閱讀計劃——養成良好的閱讀習慣	何永海老師	12 套適合中一閱讀而甚具趣味性的課外閱讀書籍，放於課室內。全體中一學生每學期閱讀四本，全學年共 12 本。閱讀後，撰寫讀書報告。工作紙的作業形式要求各有不同，均由老師按照作品的特點設計。	$26,600
四	中一級通識科	關穎斌主任	為配合 21 世紀步伐，以主題和議題作為綜合性學習材料而設計的新學科。 課程與教材教具皆由老師自行設計，將原有公民科、經公科、中文閱讀科合併，並滲入地理、歷史、文化、環境、道德教育、性教育、資訊科技教育、美術教育、思維教育、創意教育等元素，以主題單元貫穿整個課程。例如：用「我的國家」、「我的社區」、「旅遊繽紛樂」等「主題方法」認識中國、香港及世界。	$104,000
五	加速學校資訊科技教學發展——建設多媒體學習室的計劃	黎國雄老師	運用撥款，興建全新的多媒體學習室	$1,022,000

	計劃名稱	負責人	內容	撥 款
六	跑出課室，以主題探索香港 ——中一至中七級香港研究	黃國權老師	各級各科自訂研習課題。 科目包括：中國語文及文化、中國文學、地理、經濟、經濟及公共事務、物理、化學、生物、科學、美術、電腦	$26,400
七	科普 2000	李孝治博士	中一級　科學模型製作 中二級　科學閱讀計劃 中三級　一人一發現 中四級　消費者科學 天文科學 生物科技	$83,300
八	區域綜合學習計劃 ——以中國長江三角洲為例子	鄧志賢老師	中六級進行中國語文及文化、英國語文、通識教育（今日中國）、地理、中國歷史等科目的實地綜合學習。	$224,500

1999 年 8 月甘鉅廷校長榮休。馮敏威接任第七任校長。

《情繫漢華》 歲月流金

1999 年，漢華廣州校友會出版了《情繫漢華》，書中共收納了五十多位校長、老師和校友對母校的回憶。他們於 1945 年至 1959 年在漢華工作、就讀，及後回到內地升學和參加國家建設。

黃建立校監在書的序言中說：「我相信：這些文章一定會體現漢華的優良傳統，而這本書對漢華後輩會是傳統教育的好教材，對學校也是一份寶貴的歷史文獻。」

他更就漢華三大優良傳統「愛國愛校、團結互助、勤儉樸素」作了詳細的闡述，「愛國是我們的根本立場，愛校是集體觀念的表現，團結互助是漢華教工同學當中的人與人的關係，勤儉樸素是我們的作風。」

結 語

在世紀交替的時間，漢華中學抓住時機，成功轉型為直資學校，取得應有的教學資源，並積極迎接回歸，學校在教與學領域大膽創新，以新的面貌，迎接 21 世紀香港教育改革大潮的來臨。

1   甘鉅廷校長：〈漢華金禧　團結奮鬥〉，《家聯會會訊》，1996 年 4 月，頁 1。

2   〈略述香港回歸前的移民潮〉，「The News Lens 關鍵評論網」，hk.thenewslens.com。

3   劉蜀永：《簡明香港史》第三版，香港：三聯書店，2016 年，頁 368 − 377。

4   《漢華中學畢業典禮特刊》，1991 年。

5   教育統籌委員會第三號報告書，1988 年。

6   Patricia Chiu, *A history of the Grant Schools Council*, Grant Schools Council, 2013, pp. 181-183.

7   教育署列出加入直接資助計劃的資格，包括獨立校舍，開設 15 班以上，初中高中和中六班級比例為 3：2：1；至少有 6 個特別室，有禮堂、露天操場，校長應為本港大學畢業生；每班級至少有 1.3 名教師，認可學位教師比例不低於 40%，最少 50% 的教學人員為檢定教員，最少 90% 教師為全職。學校在學生家長心目中已建立良好聲譽。《教育統籌委員會第 3 號報告書》。

8   共有五間愛國學校：漢華、旺角勞校、培僑、福建、香島，成為第一批直接資助計劃學校。

9   教育署按照直資學校的收生人數給予資助。

10   九人為私校檢討委員會主席葉敬平校長、助理教育署長陳國熙先生、葉秀華校長、文慧玲小姐、葉玲璧小姐、李覺生先生、黃志強先生、Mr. P. Pelham and Mr. Carter。《漢華中學校刊》，1992 年，頁 6。

11   《漢華中學畢業禮特刊》，1995 年。

12   《承傳與創新──漢華教師文集》，2008 年。

13   《漢華中學校刊》，1998 年，頁 23。

14   岑紹基：〈漢華中學──實習教師的良師益友〉，《漢華中學校刊》，1998 年，頁 13。

15   馮敏威校長：《中國區域專題研習－河南行》，2000 年，頁 3。

16   《漢華中學畢業典禮特刊》，1997 年。

17   《漢華中學畢業典禮特刊》，1995 年。

18   《漢華中學金禧紀念特刊》，1995 年。

19   《漢華中學校刊》，1993 年，頁 6。

20   《文匯報》，1996 年 12 月 15 日。

21   《漢華中學慶祝香港回歸祖國暨畢業典禮特刊》，1997 年，頁 16 − 17。

22   《共創香港新紀元》，1997 年 10 月 8 日。

23   《二十一世紀教育發展藍圖》，香港特別行政區，1998 年 3 月。

跨區遷校小西灣
繼往開來展新顏

願景和目標：

辦成一所新型的、與時並進的愛國學校；

辦成一所以母語教學為基礎、中英文並重的成功的學校；

辦成一所校風優良的學校；

辦成一所學生潛能盡展的學校；

辦成一所極受家長及

區內人士歡迎和支持的學校。

——新時期辦學策略

香港回歸後，憑着「一國兩制」的政策優勢和地理位置優勢，配合全球化及區域貿易的深化融合，經濟得以蓬勃發展。雖然受到 1998 年亞洲金融風暴和 2008 年華爾街金融風暴影響，但香港整體的經濟規模平均每年實質增長 3.4%，成為全球貿易、金融、商業和通訊中心，並向知識型經濟轉型。[1] 同時，香港與內地經濟發展關係日趨密切，成為全球最大的離岸人民幣業務資金池。然而，隨着人口增加，社會矛盾日益加深，如人口老齡化、貧富懸殊擴大、產業結構失衡、勞工短缺和房屋供應不足等，這些矛盾在政治勢力的引發下產生了激烈的衝突和對抗行動。[2]

2000 年，教育統籌委員會發表《香港二十一世紀教育目標及改革藍圖》，掀起了一場波瀾壯闊且深遠持久的教育改革。這場改革是以學生為主體，實行課程改革和教學改革，使學生獲得全面和均衡的學習經歷，通過終身學習達致全人發展；改革的重點是推動「品德及公民教育」、「閱讀風氣」、「專題研習」和「應用資訊科技」四個關鍵項目。2009 年，學制逐步改為中小學各六年、大學四年的新學制，與國際接軌；同時，落實新高中課程，減少公開考試壓力。特區政府大力增加教育投資，使其佔每年政府總支出的 18% 至 20%，佔生產總價值的 4.5%；積極提倡普及 12 年義務教育，九成的學校受政府資助，但私立學校僅佔 5%；政府為了培養更多高級人才，增加了大學學位並鼓勵開辦副學士課程。2015 年，86% 的中六畢業生可升讀本地 20 所專上學院，受資助的副學士學額達 7,000 個。2012 年，國家教育部推出內地高校免試招收香港學生計劃後，全國 14 個省市 84 所高等院校參與其中，2015 年，有 7,200 名香港學生報名，取錄 5,100 人。[3]

2017 年 7 月 1 日，國家發展改革委員會與粵港澳三地政府共同簽署《深化粵港澳合作推進大灣區建設框架協議》，大灣區建設可為香港帶來新的機遇，以及在支援「一帶一路」建設上，與區內城市深度合作，全面拓展未來的發展空間。香港的教育如何為學生做好準備，迎接這一新機遇？

自進入新世紀以來，香港教育面臨最大的挑戰是適齡學童的人數下降；2003 年 SARS（非典）後，出生率下降，導致全港小學和中學收生嚴重不足，從小學到中學出現大規模縮班和「殺校」潮。漢華正是在這個時候遷往小西灣，中小學部招生均面臨巨大的困難。

迎新世紀　展新抱負

在新世紀首年，學校謹遵**「奮發創新、追求卓越、培養人才、貢獻社會」**的辦學使命，提出了新的抱負，即把學校辦成一所以母語教學為基礎，中英並重，堅持愛國主義教育方針的學校。學校彰顯以「學會做人」為核心，以「學會學習」為目標，以「校本及多元化課程」為本，落實高效能、高增值教學，確保學生掌握兩文三語的教學理念，從而培養具有良好品德，立志服務香港和祖國，有理想、有視野、肯承擔、具創見，不斷追求卓越的青年人。[4]

2001 年，辦學團體正式更名為「漢華教育機構」，主席黃建立，信託人包括李鴻釪、葉以恕、張祝華、李潔儀、宋偉澄、貝鈞奇、李月波。葉國謙為執行秘書。

2002 年，黃建立辭任校監一職，繼續擔任漢華教育機構主席及校董會主席。崔綺雲出任校監。

2004 年，全校教師 46 人，其中博士 1 人，碩士 7 人，學士 34 人，已獲教育文憑或教育證書的佔 94%，師生比例達 1：15。中學會考各科平均合格率達 86%，遠高於全港各科平均

漢華教育機構信託局主席

黃建立

黃建立主席熱愛祖國和香港，積極實踐愛國主義教育理想。香港回歸前，愛國教育歷盡艱難險阻，波折重重，他以非凡的智慧和毅力，與漢華師生員工共同奮鬥，使學校得以成長和發展。黃主席在漢華工作長達 56 年，經歷和見證了學校每一個發展歷程，他為漢華和香港的愛國教育事業奉獻一生，鞠躬盡瘁。

1993 年，黃主席榮任第八屆全國人民代表大會代表。他並曾任第四、五、六屆中國人民政治協商會議廣東省常務委員。

黃主席是香港教育工作者聯會創辦人之一，並擔任副會長。

1999 年，黃主席榮獲香港特別行政區政府頒授金紫荊星章，以褒揚他對香港社會和教育事業的卓越貢獻。

漢華70

合格率。根據教統局公佈的學業增值資料顯示，漢華中學的增值等級是八級，屬於高增值學校，處於全港最高增值的 15% 內；其中中、英、數三個主要科目的平均增值是九級，且英文科的增值等級，位於全港最高，處於同等生源學校中最佳的 5% 內；中七高考中文、英語運用科的增值是第九級，在同等生源學校和中西區同區學校中居首位。

海內外校友組織陸續成立

漢華校友遍佈世界各地，他們在不同國度，不同領域生活和工作，身處異鄉，更加珍惜每一次校友聚會和了解母校的機會。學校和香港校友會一直鼓勵和推動成立海外校友組織，更好地團結凝聚旅居海外的校友。

漢華中學溫哥華校友聯誼會

2001 年 5 月，「漢華中學溫哥華校友聯誼會」成立，這是繼菲律賓校友會後成立的又一個海外校友組織，周煒燦校友擔任會長。黃建立校監和校友會宋偉澄永遠名譽會長親自率團前往加拿大溫哥華致賀。

漢友新動力

2003 年 5 月，漢華年青校友組織「漢友新動力」成立，開展適合年青校友的各類活動，同時開展與香港其他青年團體的聯誼合作。黃錦良擔任主席，嚴江聰、馮劍騰擔任副主席。

香港漢華中學校友會歐洲分會

2005 年 6 月，「香港漢華中學校友會歐洲分會」在英國倫敦成立，作為歐亞的橋樑，期望與香港和各地校友加強了解和溝通，延伸漢友情誼。分散在英國、法國、德國、荷蘭、挪威等國的校友都出席了成立大會。中國駐英使館官員、友校代表和當地僑領均有出席成立大會。分會由張耀慶擔任會長，鄭健文擔任副會長，郭志和擔任理事長。崔綺雲校監、校友會永遠名譽會長宋偉澄、會長貝鈞奇和理事長趙淑瑛等率團致賀。

漢華中學加東校友會

2012 年 6 月，「漢華中學加東校友會」在加拿大多倫多成立，張錫棧擔任會長，梁淑薇擔任副會長。漢華教育機構李潔儀主席、崔綺雲校監、李雁怡行政總監、校友會貝鈞奇會長等前往致賀。加東校友會幹事會更提出了「漢友」的廣義 —— 漢華校友加漢華的朋友，擴大了校友會在海外的凝聚力。

二

興建新校　遷小西灣

1993 年，鑒於青蓮臺校舍的環境局限，不能配合教學新形勢的發展，教育機構乃決定啟動覓地興建全新校舍的計劃。1995 年，校董會正式向教育當局申請撥地建校。雖多年努力爭取，當局仍置之不理。回歸後，1999 年，教育署才首次向社會公佈校舍分配計劃，學校即提交辦學計劃書，申請新校舍。結果，教育署在 2000 年撥出港島小西灣一幅面積 5,710 平方米的學校用地給漢華中學自行設計興建「中小學一條龍」的新校舍，學校即計劃以 21 世紀先進的設計開啟在新校區的新教學里程。

新校舍由關善明建築師事務所籌劃設計、瑞安建築公司承建。80 歲高齡的黃建立主席全力參與，與建築師反覆商討設計方案，還親自繪圖，務使新校舍設計能夠體現漢華的辦學理念。令人遺憾的是，黃主席因心臟病發，於 2003 年 11 月 23 日與世長辭，最終未能親睹新校舍的落成。

黃主席逝世後，李潔儀接任漢華教育機構主席。

2002 年，漢華教育機構獲教育署批准在東涌 89 區興建直資中學校舍，與同時在同區獲批地興建直資小學校舍的樹人教育機構結龍。

漢華教育機構信託局主席　**李潔儀**

李潔儀，1956 年漢華中學畢業後留校服務，歷任學生輔導組長、校長辦公室主任及校長助理，後於廣東社會科學大學畢業。1993 年擔任漢華中學校董會秘書，1994 年註冊為漢華中學校董，1995 年獲信託局委任為信託人，2003 年接任漢華教育機構主席。

李主席服務漢華超過六十年，經歷了漢華不同的歷史時期，為推動愛國教育事業的發展，為凝聚漢華人，作出了卓越的貢獻。李主席熱心參與國家和香港地區的事務，曾任第九屆浙江省政協委員、香港中西區各界慶祝國慶籌委會秘書長，現為香港中西區各界慶祝國慶籌委會榮譽顧問和浙江省海外聯誼會理事。

2003 年，李主席榮獲香港特別行政區政府頒授銅紫荊星章，表彰她長期以來對教育事業的貢獻。

但由於東涌建屋計劃延誤和適齡學生人口發展尚待觀察，校舍仍未動工。

同心協力　籌建新校

2003 年，黃建立主席、馮敏威校長等出席東區區議會，向議員解釋漢華中學東遷辦校的計劃，議案獲得了大多數議員的支持。2004 年 4 月，立法會工務小組通過了漢華中學東區建校的工程；5 月，立法會財務委員會討論通過漢華中學建校撥款，個別議員卻以有東區小學校長擔心區內招生不足為由反對撥款。會上，漢華中學校友葉國謙議員和教育局代表解釋直資學校是全港跨區招生，不會存在這一問題，最終撥款得以通過。

多年爭取新校舍的願望終於實現，師生員工無不感到興奮。當然，學校亦深知從扎根 60 年的西區遷到陌生的東區，困難和挑戰一定不少。2003 年，學校成立「籌辦新校委員會」，三年間，開了四十多次會議，對未來新校的辦學理念和定位、機遇與挑戰、課程、課外活動政策，以至籌款計劃、宣傳策略、招生政策、遷校措施等等，進行了認真的討論和調查，並多次召開全校教職員會議，群策群力，務求共同實踐新時期辦學的願景和目標：

辦成一所新型的、與時並進的愛國學校；

辦成一所以母語教學為基礎、中英文並重的成功的學校；

辦成一所校風優良的學校；

辦成一所學生潛能盡展的學校；

辦成一所極受家長及區內人士歡迎和支持的學校

2004 年，教育機構委任崔綺雲擔任校董會主席。

2004 年 8 月，舉行小西灣新校舍動土儀式。2005 年 5 月，成立「小西灣新校舍經費籌募委員會」，由校董梁振英博士擔任主席，他親力親為，與委員想方設法籌募建校經費。漢華中學遷址興建新校舍的計劃，得到社會各界人士、校友、師生和家長的廣泛支持。2005 年 11 月 13 日，籌委會在太平山頂舉行「齊創漢華新里程」步行籌款活動，逾千名師生家長校友齊集山頂廣場，由教統局常任秘書長羅范椒芬主禮、歌手方力申鳴笛開步。2007 年 1 月 7 日，校友會在香港文化中心大劇院舉行「星輝樂韻耀漢華」籌款音樂晚會，為母校小西灣新校舍籌募經費，民政事務局局長何志平蒞臨主禮，得到著名鋼琴家劉詩昆、影視紅星汪明荃、張國強、葉璇、明星足球隊及內地女

崔綺雲，香港大學文學院學士（榮譽）、香港大學教育學院教育文憑、澳洲悉尼 Macquarie University 國際傳播學博士，是資深的教育工作者，致力於公共關係學科的研究。她先後任教於漢華中學及浸會大學傳理學院，曾任漢華英文專科夜校校長、耀中社區書院校長等職位。1999 年註冊為漢華中學校董，2002 年擔任校監，2004 年兼任校董會主席。崔博士致力漢華教育事業的發展，全力投入小西灣新校舍的策劃和籌建，努力拓展校務，為學校提出了發展的路向。

崔博士歷任香港公共關係專業人員協會會長，中國國際公共關係協會常務理事兼學術委員會委員，長期為香港公關專業的發展和兩岸三地的專業交流而努力不懈。2011 年，崔博士獲中國國際公共關係協會頒贈傑出貢獻獎，2015 年獲香港公共關係專業人員協會頒贈卓越貢獻獎。

崔博士熱心社會、教育和文化事務，曾參加政府多個委員會的工作，包括大型體育活動事務委員會、古物諮詢委員會等。擔任多間大學及社區學院的公關課程顧問及香港大學「師友計劃」名譽總監，現為香港中華文化促進中心副主席、饒宗頤文化館管理委員會副主席、香港舞蹈總會董事。2009 年獲民政事務局頒發嘉許狀。

校董會主席

校監

崔綺雲

子十二樂坊等鼎力支持，參與演出，校友、家長和師生踴躍購票，晚會非常成功。此外，「香港賽馬會慈善基金」慷慨捐贈 390 萬元作為添置設備的費用。在籌委會和全體師生家長校友努力下，不到一年的時間，籌得一千多萬元，為新校舍各項設施提供了所需的資金。

自行設計　別具特色

2006 年 5 月 16 日，新校舍舉行平頂禮，由政務司司長許仕仁先生及中聯辦教育科技部初志農部長主禮。從此，漢華中學以全新的面貌屹立在港島東區。這是香港島東區唯一一所中小學一條龍的學校，校舍面積雖然不大，但經過精心設計，別具特色。

新校舍由三座相連的建築物組成，呈 U 形，採光度強。U 形兩翼分別是中學和小學教學樓，底部為連接中小學部的綜合樓，提供全校共用的設施。多功能的禮堂可容納七百多人，舞台經過特殊設計，可為大型的歌舞和音樂演出提供寬敞的表演空間。階梯演講廳可容納

歌手方力申為步行
籌款起步鳴槍,浩
浩蕩蕩的隊伍開始
環繞山頂步行。

校友會舉辦
音樂會為母
校籌募經費

一百八十人，可供上課、專題會議和講座之用。圖書館樓高兩層，貫通全層。

課室是學生學習的基本單位。全部課室和專用室均裝設現代化的多媒體教學設施，在課室內每位學生都有自己的儲物櫃。

為提升學與教的效果，教學樓各樓層均設有班主任辦公室和教師辦公室；樓層的走廊設計得特別寬闊，以便師生交流、同學溝通，甚至還可擺設簡單的展覽。

為促進學生五育均衡發展，設有三個露天球場及有蓋操場，還有健身室、標準攀石牆和初級攀石牆。為加強藝術培育，音樂室裝設二十多部電腦，鼓勵學生進行音樂創作；視覺藝術室裝有燒窰，供學習陶藝之用；建設天台花園，供學生學習農藝和花藝。另外還設立了「校園電視台」，報道校園生活，發揮學生創意潛能。

配合學校的行政管理及校務工作，校務處、訓輔室、升學就業輔導室、社工室、會議室、面談室、會客室一應俱全，還有學生會室、家長資源中心和校友資源中心。

一校兩園　過渡東遷

2006 年 8 月，小西灣新校舍落成並交付使用。師生家長看到嶄新的現代化校舍，無不歡欣雀躍，但要告別扎根 60 載的港島西區，

真有些不捨。期末，師生舉辦了「告別青蓮臺」活動。

2006／07 年度，為了照顧家在西區的低年級學生，學校實行「一校兩園」，青蓮臺校園保留中二和中三年級繼續上課，而在小西灣校園則復辦於 2002 年停辦了的小學，開設小一級、中一、中四至中七級。學校採取為西環「東遷」到小西灣的學生提供交通津貼、延遲上課時間等措施，以減輕家長的負擔和顧慮。

2007 年 9 月，青蓮臺校舍停用。

2008 年，香港大學購入青蓮臺校舍，內部改裝為學生宿舍，校舍建築得以保存活化，成為永久性的留念。

2008 年 12 月 6 日，學校舉行新校舍開幕禮，香港特別行政區行政長官曾蔭權先生蒞臨主持揭幕儀式，中聯辦教育科技部潘永華部

長、新校舍籌款委員會梁振英主席等蒞臨主禮，五百多位來賓到賀。同時，新校舍還舉行了第一次開放日，到場人數逾千，包括社會各界朋友，教育界人士、家長和街坊等，無不對設計新穎的校舍，讚嘆不已。

參與籌組「國民教育服務中心」

2007 年 7 月，香港教育工作者聯會籌組「國民教育服務中心」，馮敏威校長參與創立，並於 2007 年 9 月借調「中心」擔任總監。「中心」得教育局資助，為全港中小學開辦教師國情進修班，內容涵蓋理論學習、實地考察、教案設計等；並製作教材套和出版教學資料，支援中小學推行國民教育。

強化管理　完善校政

2008 年底,「漢華中學校董會有限公司」正式註冊成立,並按章增設教職員校董、家長校董及校友校董,代表學校的三大持份者,完善了學校的領導架構,更有效地管理學校。學校設立校長、副校長,帶領行政主任主持日常校務,並定期向校董會報告,使校政更能發揮專業、問責、高參與、高效率和高透明度的精神。

2009 年 9 月,關潁斌出任校長。

慶祝鑽禧校慶

2005 年 12 月 11 日,逾千師生、家長、校友聚首九龍灣國際展貿中心宴會廳,隆重舉行六十周年校慶聯歡聚餐。美國、加拿大、英國、菲律賓和廣州的校友,遠道回港參加盛會。當晚主禮嘉賓包括中聯辦李剛副主任、教統局局長李國章教授和校董梁振英博士。李局長祝賀漢華六十周年校慶、新校即將落成,同時期望漢華中學繼往開來,在發展路上跨出新的一步。大會向歷任校長、副校長、退休教工以及服務 10 年、40 年、50 年的教職工致送紀念

關穎斌

第八任校長

關穎斌，1970 年於香港出生，1988 年漢華中學大學預科結業，1992 年香港中文大學地理系（榮譽）學士。大學畢業後回母校服務，歷任教師、教務副主任、校長助理、副校長等職。2004 年，取得香港公開大學教育碩士學位。

他工作認真，刻苦鑽研教學，重視推動教學研究，具開拓精神，例如提出在初中地理科加入中國概念地理部份，補全港課程之缺失；帶領學生在內地及香港進行實地考察學習；開創初中校本通識課程等。

2007 年，任署理校長。

2009 年，出任第八任校長。

品，感謝他們長期以來對漢華的貢獻，同時頒發傑出教師員工獎。12 月 4 日及 24 日，校友會元朗分會及廣州校友會亦舉行聯歡餐會。12 月 20 日在學校舉行了慶祝六十周年校慶大會，會上校長分享學校 60 年重要歷程，學生分享愛校感言。

三
「漢粹國菁」 繼往開來

漢華中學小西灣校舍建成後，面對新時代、新環境，提出了「繼往開來、培育菁英、與時俱進、力求卓越」的辦學使命。以「漢粹國菁」為校訓，致力培養學生繼承和發揚中華文化精粹，愛祖國，愛香港，力求卓越，勇當國家的菁英。學校的英文名稱定為 Hon Wah College，並重新設計校徽，hw 兩個英文字母連接一起，化為一條充滿活力的龍，藍綠兩色結合，寓意漢華教育人才輩出，青出於藍。新校服經專業設計，學生投票選定，美觀實用，別具時代活力。

復辦小學　脫穎而出

2006 年 9 月，小西灣新校舍落成後，復辦小學。基於學校由西區遷至東區，不被家長認識，因此學校既要介紹辦學理念，又要讓家長信任接受，招生工作舉步維艱。早在 2005 年 5 月，馮敏威校長便帶領黃襯歡助理校長、教職工，加上兩位從事幼、小教育的校友鄧敏慧和葉黎黎組成招生團隊，走訪港島東區數十所幼稚園，拜訪校長，並出席家長會，介紹漢華小學部的教學特色。

由於當時校舍還未落成，學校借用東區區議員陳靄群校友的辦事處作臨時招生聯絡處，租用中央圖書館演講廳舉行中一及小一簡介會，又在區內社區會堂和藍灣半島廣場舉辦第一屆「兒童才藝叮叮叮大賽」，向東區家長介紹漢華。2006 年初，租用藍灣半島會所進行小一新生面試。

2006 年 9 月，復辦小一，在校長領導下，由吳美嫻副校長分管，制定了漢華小學部的特色，即全日制小班教學、推行全方位學習及探究學習。課程編排除了學科學習外，每周兩個下午體藝學習，中文科以普通話教授，常識科改為通識科，其中「科學」部份以英語教授，「社會」部份，着重專題探究，並且豐富中華文化的教學內容。推廣兩文三語，每周兩天普通話日，三天英語日。

2009 年，吳麗霞副校長到任，學校以「學生為本」，開創「ELITE」課程，目的是要豐富孩子的學習經歷，使每個學生都能成為精英。課程包括五大範疇，每個範疇均有系統的學習活動，優化學與教成效。

在兩位副校長先後帶領下，小學部穩步發展。

2010 年，歐惠珊副校長到任。至 2011 年，小學部辦至六年級，與中學部銜接成為一條龍學校。

小學部積極提升各學科的教學效能，邀請香港大學、中文大學、香港教育學院、教育局及社會各界的專家培訓教師，指導學科教學。為照顧學生的學習差異，學校除為每名學生設立「學生學習歷程檔案」，以定期檢視學生的學習進度外，更以循序漸進的模式為學生創建學習歷程。課堂多以合作學習模式進行活動教學，運用多元化教學策略，增強學生對學習的興趣，同時加強對學生學習的照顧。學校以「合作學習法」作為觀課的重點，教師明確地掌握了課室常規及教學策略合作學習法的技巧，學生的學習成效亦大大提升。

自 2011 年開始，小學部還實踐資優教育普及化及照顧差異的教學法，全體教師學習推

行「資優教學十三招」，先在初小的中文科、通識科試教，然後推廣至各級的中文、英文、數學和通識科，逐步形成「校本全班式資優培育課程」、「校本抽離式資優培訓」及「校外資優培育」的「三層架構」推行模式。

小學部同時優化各級專題研習活動，按各級訂立的主題進行跨學科學習活動周，進一步發展學生的研習能力。小一至小六級學生每年都參與跨學科大型研習活動，培養學生自主學習的能力，同時培養他們圍繞着研究主題進行資料搜集、整理、分析、綜合、反思並作出結論的能力，建構新論據。

兩文三語　調適強化

學校着重學生兩文三語的發展。

中小學中國語文科貫徹十二年的以普通話教中文的政策。2009 年 9 月，增設口語課，加強普通話朗讀訓練，提升同學的普通話能力。此外，學校參加語文教育及研究常務委員會（簡稱「語常會」）「普教中計劃」，在初中研究用普通話教中文的有效方法，設立「普教中教研小組」，老師除了參加研討會及到內地學習「普教中」方法外，還進行同儕互助觀課，提升「普教中」的教學能力。同時，中三級全級學生應考「GAPSK 普通話水平測試」，而小一

至小六學生則每年自願性參加「SPC 少兒普通話水平測試」，均成績斐然。

小學部中文科於 2016 年度開始引入「中國經典學習計劃」，通過語文學習，提高品德修養。「計劃」聘請嚴力耕老師透過講解、示範、分享、體會、朗誦、吟誦及戲劇等模式，讓學生掌握「孝順」及「勤學」的重要，中文科老師更編訂校本教材，讓學生於課後進行鞏固及延伸學習，並以學生自評及家長評估模式以檢討學習的成效。升上中學部的學生都認為「計劃」能讓他們有接觸文言文的機會，對銜接中小學課程有很大的幫助。

同年，中學部聘請華中師範大學一附中優秀中文教師李海平老師到校，擔任中文科顧問，協助審視課程，整合教材（特別是文言文語篇）和指導編寫教案，舉辦專題講座，輔導年輕老師，研討優化課堂和增強教學效果的策略。中文科制定了校本學生必讀書目和寫作訓練課程，發展了很多有效的教學法，如：課前三分鐘個人短講教學法、分組合作學習教學法、作文升格訓練的寫作指導法與講評方法等。

2006 年，中小學部開設以英語授課的科目。小學通識科和視藝科部份內容以英語教授。2008 年 9 月，中一級按學生能力進行語言分流教學，其中一班有四科（包括科學、數學、

地理、歷史）以英語授課。2011 年，增至兩班；而中四級的數學、生物、物理、化學、地理和歷史六科，則分中、英文組上課。2012 年，成立跨學科英語小組（Language Across Curriculum），統籌強化英語氛圍活動，推動跨科協作。2014 年起，學生可以選用英語作為中學文憑試的應考語言。同時，由於適齡學童人數銳減，亦因應社會需要，經與教師進行諮詢後，於 2017 年 9 月起，中一級開設一班「全英班」，除中文和中國歷史外，其餘科目均以英語授課。

2011 年 3 月，為慶祝六十五周年校慶，在柴灣青年廣場上演了兩個專場的英語音樂劇《綠野仙蹤》（The Wizard of Oz），超過 50 位中、小學部學生參加演出。參演學生得到了英語、戲劇、音樂及舞蹈等綜合訓練，台上台下的學生都很有收穫。其後，小學部在課程中融入戲劇教育，老師、學生和家長合力，上演了多齣英語音樂劇。中學部多次邀請外國劇團到校演出，為全校同學帶來多采的英語話劇，亦安排學生到校外觀看戲劇演出，促進學生創意及情意的發展。戲劇融入教學，設計出切合學生學習和成長需要的課堂活動，讓學生注重說話的內容，提高學生對人和事物的敏感度，培

二〇一一年英語音樂劇《The Wizard of Oz》

育「有感而發」、「言之有物」的說話能力。

2017 年 9 月，中學部聘請曾獲「行政長官卓越教學獎」的資深英語教師劉小佩擔任英語戲劇教育發展顧問，在初中發展英語戲劇課程。2018 年，在香港校際朗誦節「英語二人對話」(Dramatic Duologue) 項目的中一、二、三組別中，共取得五個冠軍和一個亞軍；同時，在中二組「戲劇折子戲」(Dramatic Scene) 項目中，再添一個冠軍。尤為可喜的是，獲獎同學中有 70% 由本校小學部直升中學。

中文及英文科每年均舉辦大型活動，以提升學生雙語水準。2010 年，結合「上海世界博覽會」，進行相關教育和宣傳，中學部中英文科舉辦「Language Expo」，其中，中文科活動有寫揮春、學生午間普通話廣播、中文口語及朗誦技巧培訓班、廣州話普通話對譯大賽、即興演講比賽等；英文科活動有英語攤位遊戲、英文拼字比賽、辯論比賽、書法比賽及電影欣賞等，並輔以恆常的學生午間英語廣播、英語大使訓練、戲劇工作坊等，成為年度盛事。

學校每年收錄學生中、英文優秀作品，出版文集，以資鼓勵。中文文集《青蓮紫荊集》於 1995 年開始出版，作品內容多樣化，記錄了學校生活和青少年成長的心路歷程。英語年刊《Hon Wah in Blossom》自 2009 年出版，學生藉散文、詩歌等表達自己的觀點、述說奮鬥歷程和參與學校各項活動的經歷等，校友也撰文講述自己的學習與生活，以回饋母校。2010 年開始，先後出版小學生《菁菁校園》、《童真童趣》、《寫我童心》文集，展示了同學們在語言文字、圖形、創意表達方面的學習成果。

發展校本通識課程

2000 年，學校開設中一級通識科，獲優質教育基金撥款發展校本課程，至 2002 年，完成初中三年的校本通識課程設計。

課程以主題和議題作為學習材料，組織學生走出課堂，實地考察和學習，並按不同議題舉辦講座，邀請專家主講和座談，讓學生在中一至中三的學習過程中，從個人、社會、國家以至世界範疇，通過幾十個主題，百多個單元課題學習，把知識融入生活之中，關注並探索身邊的事物，培養創意和反思等多方面能力。

2006 年，小一開設校本通識科，至 2011 年，完成小學六年的校本通識科課程設計。「課程」鼓勵同學閱讀報章，探索時事；更推行 STEM 教育，提升學生對科學與科技的興趣。

同儕互助　專業成長

學校非常注重教師的專業成長。通過同儕互助備課和觀課、學習圈、校本培訓，外派學習、參觀交流和行動研究等活動，讓學校成為學習型組織，讓教師成為不斷提升專業的研究員。

2001 年度，先後舉行四次同儕互助觀課活動，活動當日，整個下午時段，只安排五個班上課，全校教師分為五個教學組——中國語文、英國語文、數學，文科和理科。公開課的任課老師，有新老師，也有經驗豐富的老師。課前，分別舉行備課會議，擬定教案；課後，進行研討評議。過程中，不同的教學理念，不同的教學方法，產生不少碰撞或互補。誠然，這是專業發展的必由之路。

此後，學校在全校教師中逐步開展同儕互助觀課、行動研究和校本課程發展。又推出「同儕教練計劃」，讓每位新老師都與一位有相當經驗的老師配對，定時聚會及跟進，加強新同事的安全感和適應能力。

學校每年舉辦各類校本培訓活動，邀請本科的專家到校為老師舉辦工作坊。

此外，教師也參與教育界舉辦的經驗交流活動，例如擔任資優教育研討會的講者，將本校心得與外校人員分享，實現共同進步的理想。

梁一鳴博士在《漢華中學六十五周年教研文集》中撰文〈校本教研與專業發展〉，指出：「漢華中學致力校本教研，涵蓋行動研究、專業合作、課程發展、同儕教練計劃四大領域，全方位地探索教學規律、提升教學效能，不斷地改進和解決教學問題，總結新的經驗。參與研究的同工來自中、小學各個科目，負擔不同的工作，其中有資深的老師，也有新入職的新血，看到他們認真投入的精神及所取得的豐碩成果，實在感到鼓舞⋯⋯」。

教研集

——（四）——
能力主導　全面發展

全方位推動專題研習

　　持續推行專題研習是學校傳統的教學政策，也是深化學科學習的重要手段。自九十年代初，教師在中文科、生物科和地理科開始探索專題研習的學習方法，逐漸發展成為中六中國區域綜合考察和全校各級各科的香港考察專題研習。

　　新世紀初，教統會提出教學改革四個關鍵項目之一「專題研習」。小學部的專題研習也是跨學科進行，以通識科為主軸，其他學科輔助，曾到深圳就中國藝術、到東莞就社會經濟、港資企業和東深供水工程進行分組專題研習。通過老師的引領，發揮學生自主學習精神，培養學生的共通能力、思維技巧以及待人接物態度。

　　2014 年 9 月，中學部聘請曾兩次獲「行政長官卓越教學獎」的資深歷史教師梁偉傑擔任課程發展顧問，協助統整中史及歷史科課程，推動教師交流及相互觀課，與兩科組老師成功申請「優質教育基金」撥款——2017 年的「透過主題式學習設計反轉初中——歷史及中國歷史課堂」和 2018 年的「在初中二年級推行創意歷史學習法以提升歷史學習效果」，改進歷史科課堂教學。梁顧問並帶領學生參加由百仁基金贊助、中國文化院主辦的「中華文化快鏡

2017 ——一帶一路文明的溝通」短片比賽，榮獲中學組冠軍和最具創意獎，由中國文化人、傳媒機構負責人、傳理系教授和微電影導演組成的評判團，欣賞本校短片的拍攝技巧、表達方法與創意內容；2018 年，參加由百仁基金贊助、香港各界文化促進會主辦的「粵港澳大灣區文化 snapshot」短片拍攝比賽，囊括了中學組冠軍和亞軍。

汗水澆灌神州行

1995 年 4 月第一次舉辦內地綜合學科考察。自此內地考察成為漢華中學的常規學習活動，足跡遍及十多個省市。

隨着全港中學改為六年制後，漢華在中四級推行服務學習，在中五級繼續推行內地綜合學習考察。

三天的服務學習以廣東省農村學校為對象。計劃之初，中四級學生探訪農村學校、親自為該校建立閱讀室，如：釘書架、買圖書等，並分組進入農戶家庭，體驗農村生活。近年，活動內容有所改變，學生在農村小學當一天老師，以小組為單位，上午進行英語教學活動，中午到學生家裏午飯，親身感受農家生活，下午當學生活動導師。學生從選課題、備課和學習組織活動技能的過程中長了知識，得到了磨煉。

中五級的內地綜合學習考察，如以往一樣，透過參觀當地歷史名勝、工商業機構、考察地形地貌等，使學生對中國文化和國家日新月異的發展增加認識；訪問學校，與當地學生一起學習、交流和活動中，既建立了友誼，又在學習態度和毅力方面受到很大的衝擊。同時，這也是學生學習獨立生活，與人溝通的寶貴機會。

老師的汗水與付出，換來學生的成長和鍛煉，令人欣慰。學生親自踏足祖國大地，感受河山之美及同胞接待之情，目睹國家發展，實地了解和分析問題，無論在知識、生活還是世界觀方面均大有得益。

開拓國際視野

香港與世界息息相關，學生須具國際視野，迎接未來的挑戰。

深港兩地小學生進行專題研習

2005 年，中學部首次舉辦暑期外國英語學習團，為期兩週，目的地是澳洲布里斯班。在當地學校進行英語學習、課外活動和各類型參觀等，內容充實。師生入住當地家庭，體驗風俗習慣，促進文化交流，對英語學習更有幫助。其後的暑期英語學習團，足跡遍及澳洲、紐西蘭、英國、加拿大等地。

自 2012 年起，小學部舉辦新加坡學習團，教師帶領小六級學生往當地學校交流學習，參觀名勝古蹟，了解歷史與文化。

同時，學校亦鼓勵中學生參加「國際交流計劃」，到世界不同國家生活與學習一年。多年來，參與「計劃」的學生曾到阿根廷、匈牙利、美國、德國等，學習當地語言與文化。

發揮創意潛能

推動 STEM 教育是配合全球的教育趨勢，以裝備學生應對社會及全球因急速的經濟、科學及科技發展所帶來的轉變和挑戰。

學校在原有課程的基礎上，更新及強化科學、科技及數學課程和學習活動，發展了校本 STEM 教育課程，同時舉辦了系列的老師培訓課程。小學部嘗試以專題模式進行活動，讓學生從操作中學會科學探究技能、科學原理與生活應用，更重要的是藉此培養科學素養。中學部在初中電腦科增加了利用 Sketchup 軟件進行立體設計課程，內容包括室內設計、玩具製作等，還購入智能機械人、舉辦機械人編程班，透過多樣化的培訓課程、認證考試，豐富課堂內外

海外學習

「一帶一路菲律賓考察團」參觀學長的碾米廠

的學習；亦透過專題研習課程，讓學生設計方案，學習跨學科知識，解決日常的生活問題，並進行實地學習，豐富學生的學習經歷，從中了解科學原理，促進共通能力，也有助培訓學生的邏輯思考、解難能力及創意思維。

從升學就業輔導到生涯規劃

隨着社會及教育的發展，大學、學科，以至工作類別愈來愈多，也愈來愈專門化，傳統由班主任負責的升學就業輔導工作開始出現困難，加以事業輔導已經發展成為一門專業的學問，涉及與抉擇有關的理論、輔導技巧等，學校因此在 1998 年度成立「升學及就業輔導組」，聚焦於中三級文理分科、中五級會考及中七級高考的升學就業輔導，舉辦講座、院校參觀、減壓活動、放榜日輔導、職業介紹及參觀、職業性向測試等，並舉行家長講座，讓家長知道如何幫助子女面對選科及出路等困惑。

2014 年，教育局提出，在完成高中教育後，不論學生選擇甚麼出路，均會面對與學校生活截然不同的環境，因此加強生涯規劃及升學就業輔導的支援，至為重要。[5] 根據教育局對生涯規劃的新方向，學校的升學就業輔導有了一個比較大的轉變：從以往集中在中三選科及畢業班同學的升學就業，擴展至各個級別的生涯規劃活動、職場體驗等，而重點則放在中三級及中六級的個人輔導上。

熱愛國家　理性持平

推行國民教育

學校秉承自 1945 年立校以來「關心國家、貢獻國家」的理念，推行國民教育。

2012 年 9 月，學校成立「德育及國民教育科中小學課程發展委員會」，統籌 12 年一貫課程，開展德育及國民教育。即使處於來勢洶洶的「國教風波」，學校仍堅持在小學部開設獨立的「德育及國民教育科」，每週一節，課程內容包括個人、社會、國家，甚至是認識世界。同時每年舉辦「同根同心」內地參觀活動，並通過「姊妹學校計劃」，與內地同學交流生活與學習，促進彼此的了解。

中學部通過正規課程及聯課活動推行國民教育，如基本法教育就是通過史地、通識等學科有系統的課程教育，結合問答比賽、博物館參觀、境外學習交流等全方位學習活動，形成了一套「基本法教育」的校本課程。還有中國區域綜合學習、國慶活動、國旗下的講話及通識科中的現代中國單元學習等。透過研討、交

流與親身接觸，使學生對國家有實質的認知。

學生通過實地考察活動，既認識了國家發展成就，也了解到國家發展所遇到的困難與挑戰，學習以理性、持平的態度，探討國家面對的問題，從而建立對國家的責任感。通過「姊妹學校計劃」，學生常與內地同學交流生活與學習，促進了彼此的了解，也促進了兩地文化的溝通與交流。

課堂無邊界

邀請專家學者到校和學生分享體會，組織學生出外參觀、服務，是開拓學生視野，擴闊心胸的行之有效的教育策略。近十年基本形成了一些傳統的項目：小四、小五級「同根同心」內地考察及與姊妹學校交流學習，小六級新加坡或台灣學習體驗；中一級軍事訓練營、中四級內地服務學習、中五級內地區域綜合考察，和中學海外英語學習體驗。

以 2018 年為例：

日期	活動
2月	中四級通識科參觀立法會與張國鈞議員交流 中學領袖生「一帶一路民心相通」菲律賓考察團

日期	活動
3月	領袖生參觀中環中國人民解放軍駐香港部隊總部和昂船洲海軍基地 中五級中國區域綜合學習「武漢行」 小四至小六級第四屆基本法問答比賽 中四級廣東河源服務學習
4月	中五級代表參加北京清華大學學習體驗營 小六新加坡遊學暨專題研習 國旗隊新圍軍營培訓體驗 中二級小西灣社區服務學習
5月	邀請解放軍駐港部隊為高中學生進行國防教育講座 學生會舉辦「五四運動」百仁基金菁青相惜分享會 邀請資深傳媒工作者阮大可先生與中四學生進行通識講座 中、小學學生領袖「認識香港抗日歷史」學習活動
7月	2,200 名師生家長校友參觀駐香港部隊昂船洲海軍基地 中學生「香港盃」外交知識競賽得獎者訪問北京 中學領袖生「香港青年浙江行」 舉辦中學澳洲墨爾本英語和文化學習團 男子籃球校隊參加「香港青少年體育交流團」赴內蒙古交流
8月	學生參加「騰訊集團粵港澳灣區青年營」，拍攝微電影，獲最佳美術獎、最佳導演獎、最佳表演獎和最佳喜劇獎

日期	活動
9月	中五學生擔任「創科博覽」講解員，向公眾講解中國科技 梁炳華博士向小學生講香港三年零八個月的抗日故事 中四物理、生物科學生參加女高鐵總設計師梁建英「創科博覽」講座 學校舉行慶祝六十九周年國慶文藝匯演，與駐香港部隊聯歡
10月	饒月圓警長對小學生進行遵守法則教育講座
11月	中學「學科考察日」 中一級「黃埔軍校訓練營」 小學「全方位考察日」
12月	「名人專題交流」教育局長政治助理施俊輝先生與領袖生座談 小學生分批登上「基本法流動資源中心」宣傳車參觀學習

品德教育齊參與

為達至品德教育的落實，小學及中一、二級推行雙班主任制，以強化班級經營，教師實踐「全校參與、訓輔合一」的理念，既照顧個別差異，又可關注每個孩子的成長需要。

學校長期重視家長的支持與學校持續發展的密切關係，多方創設溝通平台，讓家長有表達意見及了解學校的機會。

家訪是漢華的優良傳統，多年來一直獲得家長及校友們的肯定。遷校小西灣後，每學年中學部班主任仍堅持安排家訪，藉此了解學生在家的生活狀況，也讓家長了解學生在校的學習生活及課堂上的表現，以及聆聽家長寶貴的建議。

除老師家訪外，學校以 eClass 作為家長通告、短訊的網上平台來傳遞訊息，全年舉辦不同形式的家長會：如「家長聚一聚」、分級家長會、家長茶聚、副校長聊天室、給副校長的話及家長晚會等。學校更舉辦「家長學堂」，就家長如何管教子女、提升子女學習專注力、關注成長期特徵等進行多次家長講座、工作坊及小組活動；設有「家長人才庫」，擁有家長義工三百多人，義工各有專長，能出色地協助學校舉辦課內外的活動，是一支不可多得的生力軍。而「家長教師會」亦會定期進行會議，校長經常與理事溝通學校事務，家教會更舉辦親子旅行及家長興趣班等，加強家校溝通和合作，並設有獎學金，獎勵學業成績明顯進步的學生。

漢華校友長期給予母校大力支持。2003年開始的「漢華家書」和 2011 年開展的「校友學堂計劃」，先後邀請了電視名監制潘嘉德、刑事偵緝警員陳文健、懲教署警犬訓練員方文健、廉政公署黃小欣、足球總會副會長貝鈞奇、香港前籃球代表隊隊員亞洲最佳三分神射手翁

金驥、立法會議員陳克勤和姚思榮、美國心臟專家呂振聲、經營餐飲業的黃毅山、從事金融貿易的劉鵬和蔡朝暉、從事資訊科技產業的邱紹東等⋯⋯不同行業的校友與學弟學妹分享人生奮鬥與職業生涯經歷、處世態度、國內發展機遇，勉勵學弟學妹立志，傳承團結互助、艱苦樸素、愛國愛校的漢華精神。

同胞情　同理心

2008年，四川發生汶川大地震，學生發起為災民填寫心意卡，學校及家教會發起全校師生募捐行動，三十八屆蔡朝暉校友捐出與師生家長等額數目的捐款，共籌得六十八萬餘元，支援綿陽市民族中學校舍重建。2009年，學校派出教師代表出席新校舍啟用儀式。

2010年4月，青海玉樹縣地震，4月21日學校下半旗致哀，全校師生家長發動賑災籌款，共籌得九萬餘元。

2013年4月，四川省雅安市發生七級大地震，師生家長校友共籌得善款五萬五千多元，支持災區重建。

2014年7月28日至8月1日，中學部15位同學參加「川流不息體驗愛」服務計劃，往四川省成都北川地震遺址，服務地震受災的兒童和敬老院長者，家訪貧困五保戶。同學對自己現有的生活態度和家人關係有所反思，更珍惜與家人和朋友的關係，學會接納別人的不足，建立和諧的人際關係。另外，同學們切身處地，感受到一方有難、八方支援和關心他人的重要，他們表示回港後會多參與義工服務，關心他人。

2014年12月13日，應特區政府邀請派出學生代表30人到海防博物館參加香港首次舉辦的「南京大屠殺死難者國家公祭日」紀念儀式，悼念南京大屠殺死難者和日本侵華戰爭期間的死難者。

接觸軍旅　汲取正能量

2018年以來，學校邀請中國人民解放軍駐香港部隊參與合辦一系列教育活動。借助軍人獨有的紀律、意志與堅毅，以豐富師生和校友的知識面和技能，建立正面的價值觀，加強國家觀念。

透過參觀總部軍史館和海軍基地、國防教育講座、國旗隊步操隊列訓練、邀請駐香港部隊參加校友會六十周年會慶慶典和校內國慶文藝聯歡等活動，師生、家長和校友得以親睹人民解放軍「威武文明之師」和「鋼鐵長城」的風采。

漢華作為香港第一所將國防教育引入學校

駐香港部隊與師生同賀國慶

課堂，第一所邀請軍人授課、組織升國旗儀式，第一所參加駐香港部隊總部及軍營體驗活動的學校，感到無比的光榮與自豪。

這些活動不單是香港青少年教育活動的創造，也是愛國教育內容的創新。

國民教育實踐成果
獲國家教育部頒授一等獎

2018 年 5 月，香港教育工作者聯會教育機構、漢華教育機構、香島教育機構、培僑教育機構、香港勞校教育機構、旅港福建商會教育基金等六所愛國學校辦學團體，聯合以《香港愛國學校的國民教育實踐及探索》為題的報告，通過香港教育局向國家教育部提交申請，參加評審，結果獲評 2018 年基礎教育一等獎。

國家級教學成果獎是教育教學研究和實踐領域的最高獎項，分基礎教育、職業教育、高等教育三大類別，每四年評審一次。2018 年首次接受港、澳團體及個人申請。

「成果報告」檢視了六個辦學團體開辦的16 所中小學的國民教育實踐經驗，從學校理念、教師團隊、課程目的和設計、教與學等方面進行分析，建立起「國民教育六要素實踐模型」，這是多年國民教育工作經驗的仔細梳理，集結成果的分享。

獲獎體現了國家對愛國學校幾十年來國民

教育實踐的充分肯定和極大鞭策。對漢華來說，這是很好的契機，讓漢華人更好地認識我們的學校，更好地探索在新時期繼續發揚優良傳統，實踐前輩們努力開創、在新時期不斷創新的教育理念，為香港培育出「對國家有認識、對民族有擔當、對社會有貢獻」的下一代而努力。

——（六）——
多元發展　潛能盡顯

學校注重體育及藝術發展。在普及層面，中小學部推行「一生一體藝計劃」，開展廣播操，聘請專業導師教授不同的藝術課程，學生興趣班及組織增至五十多個，讓學生增加課堂外的學習經歷，發展體藝潛能，邁向豐富的人生。在深入層面，設立多元化的校隊及樂團。近年，漢華在學界籃球、乒乓球、花式跳繩、攀石、游泳、射箭、田徑、越野、朗誦、管樂、中樂、舞蹈等比賽中持續獲得不少獎項，學生通過參與活動與比賽，鍛鍊身體與意志，增強自信心，以面對未來的挑戰。

2008年度，從事金融證券業的38屆校友蔡朝暉，向母校捐贈了一百萬元，成立「蔡朝暉校友基金」，用作支持學校體育發展，下設「蔡朝暉體藝獎學金」，獎勵在體藝活動方面有傑出表現的學弟學妹，以及支持家境困難學弟妹的「助學金」，受惠學生不少。十多年來，蔡校友捐入「基金」的累積金額已超過四百萬元。

2013年9月，學校聘請資深籃球教練翁金驊校友為體育發展顧問。翁顧問整個中、小學階段都在漢華度過，香港教育學院畢業後，當了一年職業籃球員，後進入香港大學工商管理學系就讀。畢業後，擔任香港大學及中學籃球教練，經驗豐富。中學部籃球隊男女各三隊、小學部男女各一隊，經過有明確目標的嚴格訓練和刻苦練習，成績節節上升。2014年至2018年間，中學籃球隊在校際籃球賽成績均位列三甲之內，其中男子隊三度奪團體總冠軍、女子隊亦兩度奪冠。小學男女子隊亦於2018年進入三甲之列。2018年，女籃隊長馬丹鳳同學入選香港代表隊，出戰亞運。部份籃球隊員畢業後，仍回校當校隊的助教。

花式跳繩運動是漢華自 2012 年開始發展的體育項目。教練是梁健璋校友和莫婉婷校友，他們均為香港跳繩運動員，於 2012 年至 2014 年間曾先後到比利時、新加坡、美國等地參加國際跳繩比賽並獲獎而回。2012 年，梁、莫兩位校友聯同一群跳繩愛好者成立了非牟利的「中國香港跳繩體育聯會」（「繩聯」），李志強校友擔任會長。「繩聯」在香港推動跳繩運動發展，協助更多運動員參與國際賽事。黃淯靖、周致顥、楊靖嵐、姚卓嵐、陳俊穎同學作為「繩聯」派出的中國香港代表隊成員，在 2016 年至 2018 年連續三年的世錦和亞太賽中屢獲佳績，共獲得 24 個單項冠軍、2 個單項總冠軍、14 個單項亞軍、5 個單項總亞軍、12 個單項季軍和 1 個單項總季軍。

重視領袖培訓　實踐鍛煉成長

學校重視鍛煉和培養學生領袖，着重培養自治能力和公民意識，帶領他們關心香港，關心國家，關心世界，參與服務，讓學生領袖在不同層次的學習、培訓和實踐鍛煉中成長。

2016 年度，開展了「漢華中學一條龍學生領袖培養增潤計劃」，在小學至中學階段的 12 年中，透過一系列恆常的培訓課程和活動，包括參與服務、領袖增潤課程、中小學師友輔導計劃、歷奇訓練、拔尖計劃、座談、講座、

世界跳繩錦標賽優勝者與教練合照。左起：莫婉婷教練、羅樂遙、黃淯靖、姚卓嵐、梁健璋教練

女籃隊長馬丹鳳入選香港代表隊

工作坊、出外參觀、實地考察，在長期跟進及高低班的相互幫扶下，把學生培養成為品學兼優，具領導才能，願意為國家和社會服務的優秀人才。

2017 年，學校設計了領袖生培訓課程（高級班），面向中三以上具一定崗位工作經驗的領袖生，進行有針對性的培訓。課程包括個人素質培育課節、「名人專題交流」、與校長「午間茶聚」、培養接班人的「影子計劃」、領袖訓練營等。

2018 年，兩位「漢華傑出學生」在地區和全港性的傑生評選中得到認可。中六陳嘉裕被評為「2018－2019 東區十大傑出青年」；中五黃曉彤被評為 2018 年香港島十大優秀學生（高中組）；另一位傑出學生中五王泓瑾的中文作文經內地專家評審，在全港萬多位參賽學生中脫穎而出，獲得「文學之星」全國決賽資格，並榮獲一等獎。

七

金鑽校慶　承前啟後

全校師生校友和家長舉行一系列隆重的慶祝活動，紀念學校篳路藍縷、艱苦開拓、拼搏成長、承傳創新的 70 年輝煌歷程。

2015 年 6 月，全校教職員與退休教職工重遊青蓮臺舊校舍，緬懷昔日工作與生活的光影片段。10 月至 11 月，中小學各班發揮創意，以校慶七十周年為題設計壁報，逾百師生拼砌的巨型馬賽克壁畫──「彩虹」，裝嵌於校舍外牆，展示活潑多采的校園生活。

12 月 5 日，學校舉行開放日，並進行時間囊放置儀式，分別由教育機構、校董會、校友會、松濤社、教職員會、家教會、學生會等七個單位，把有紀念價值的物品放入時間囊內。

學校新建了「漢華校史室」，以文字及照片將 70 年來漢華人奮鬥的歷史分為六個時期展示出來，一幅長 16 米、高 2.3 米的巨幅貼畫，活現了各時期校園多采的生活。陳列櫃有各時期的珍藏文物。電子屏幕展現無數昔日的活動剪影。進入校史室猶如走進時光隧道，找到漢華人許多熟悉的回憶和身體力行的傳統。

2016 年 1 月，校友會假北角新光戲院舉辦「金鑽璀璨耀漢華」文藝匯演，二百多位幾代的漢華文藝人落力演出，回饋母校的培育和教導。參與演出

喚起昔日記憶，感覺愉快和溫馨的漢華校史室。

師生拼砌的巨型馬賽克壁畫《彩虹》

作品名稱：〈彩虹〉

創作意念：
1. 〈爛〉
   漢華中學的陽光照耀種子。
2. 〈芽〉
   小學生(小芽)在漢華校園中快樂成長。
3. 〈夢〉
   在「彩虹橋」上垂釣的同學在「夢想河」中尋找寶藏。
4. 〈花〉
   中學生在充實的求學生活裡長成了茁壯的太陽花。
5. 〈彩〉
   知識彩虹在漢華校園裡飄揚。

重上青蓮臺

的中、小學同學的優秀表現，受到觀眾們讚賞，也證明了漢華代代有才人。

2016 年 3 月，校友會假香港中央圖書館舉辦「書·畫·影　漢華情」書畫攝影藝術展，參展作品 223 幀，參展師生校友逾百。參觀者超過 1,500 人。

2015 年 12 月 13 日，學校在香港會議展覽中心大禮堂舉行「七十周年慶典暨晚宴」，香港特區行政長官梁振英、中聯辦主任張曉明應邀出席擔任主禮嘉賓並致辭，出席嘉賓還包括立法會主席曾鈺成、教育局局長吳克儉、中聯辦教科部部長李魯等，他們共同為漢華創校七十周年慶典主持亮燈儀式。中、小學生及校友組成超過 130 人的合唱團，以一曲《漢華頌歌》揭開了慶典的序幕。社會各界賢達、家長、學生，以及來自菲律賓、廣州、加拿大、歐洲及美國等地的校友，還有多位姊妹學校校長及領導都親臨道賀。全球漢華人濟濟一堂，祝賀母校七十周年，慶典盛況空前，場面感人。

漢華教育機構主席李潔儀致辭時表示，七十年前漢華的拓荒者本着為國家培養人才，為香港服務的宗旨，創辦了漢華中學。七十年來漢華一直堅持愛國主義的教育方針，以培養學生「德、智、體全面發展」為目標，引導學生關心國家，熱愛國家，建立積極的人生觀。李主席更感謝七十年來，在不同時期、不同社會條件下，為漢華的發展

和壯大貢獻力量的全體教職員、家長和校友，期待漢華人能薪火相傳，將漢華的傳統傳承下去，發揚光大。

行政長官梁振英曾經擔任漢華校董十三年，他致辭時讚賞漢華的凝聚力和支持度，並希望在過去七十年不同時期用不同方式支持漢華的朋友，繼續支持漢華堅定堅持的愛國教育事業。他還希望漢華教育機構和漢華中學，在大家的支持下，昂首闊步，邁向新的七十年，為國育才，為港育才。

中聯辦主任張曉明表示，漢華中學的立意是崇高的，辦學實踐是成功的，前景是廣闊的。他勉勵新一代漢華人矢志不渝，齊心協力，與時俱進，善用優勢，把學校辦得愈來愈好。

2016 年 12 月，李潔儀辭任教育機構主席，繼續擔任教育機構信託人。2017 年，信託局委任葉國謙為教育機構主席。

漢華教育機構信託局主席 ── 葉國謙 ──

葉國謙，1989 年畢業於華南師範大學地理系。1969 年漢華中學預科結業後留校服務，擔任漢華校友會學校和漢華中學教師，歷任學生會輔導老師、香港仔分校和正校行政主任、校長助理，以及教育機構信託人、副主席等職。2017 年接任教育機構主席。

葉主席長期投身社會服務，是「民主建港聯盟」創會會員，歷任副主席和會務顧問。回歸前後曾任區事顧問、立法局議員、臨時立法會議員、中西區區議員；特區成立後，歷任中西區區議員、立法會議員、行政會議成員，以及第十、十一、十二、十三屆港區全國人大代表。葉主席亦曾獲委任為香港房屋委員會、香港禁毒常務委員會、紀律人員薪俸及服務條件常務委員會、交通諮詢委員會、博物館委員會、賑災基金諮詢委員會、強制性公積金管理局和市區重建局等多個法定組織、諮詢架構的委員或非執行董事，為美好社區建設，為保持香港長期繁榮穩定，為國家長治久安，也為漢華教育事業的發展，作出了卓越的貢獻。

1999 年葉主席榮獲特區政府委任為太平紳士，2004 年榮獲頒授金紫荊星章，2017 年榮獲頒授大紫荊勳章，以表彰他長期以來對地方行政、公共及社區服務的傑出貢獻。

結 語

在新世紀之初，漢華中學以「中小學一條龍」直資學校的嶄新面貌，屹立在港島小西灣校園區。設計新穎的現代化的校舍，為辦學創造了優良的教育環境。漢華人更以薪火相傳，矢志不渝，力求卓越，勇於創新的雄心壯志，同心協力，在短短十年多的時間，以亮麗的表現贏得家長的支持和社會的肯定。漢華中學有如飽經風雨的雄鷹，在新時代的廣闊天空展翅高飛。

1　　據《香港年報 2015》，2015 年，香港是全球最自
　　　由經濟體、全球第八大貿易實體、全球第二最具競爭
　　　力經濟體、世界第五大外匯交易市場、第三大股票市
　　　場、第七大銀行中心。

2　　2000 年至 2015 年，香港人口平均增長率為 0.8%，
　　　由 680 萬增加到 726 萬；15 歲以下人口比率由
　　　17% 降至 11%，65 歲以上人口比率由 11% 上升至
　　　15%，人口的中位年齡由 36 歲上升至 43 歲，出生
　　　率由 1.2% 降至 0.8%。

3　　以上統計數字取自 2000 年至 2015 年的《香港年
　　　報》。

4　　漢華中學校務報告，2005 年。

5　　教育局通告第 6 / 2014 號

《漢華七十》全書十一萬字，二百多幅珍貴圖片，共八章二百多頁，記錄了 1945 年至 2018 年間，幾代漢華人秉承「為祖國」、「為學生」、「為真理」的辦學理念，艱苦奮鬥，薪火相傳的感人歷史。

2015 年 3 月，漢華教育機構成立了校史編輯委員會，聘請梁一鳴博士為主筆，並設校史整理編撰組，協助進行七十年史料、照片的搜集、撰寫、核對和整理……這是漢華歷史上一次具規模、有系統的歷史資料整理。透過反覆翻閱近百本學校歷年出版的刊物，為數約四萬多張的照片，還有大量的會議紀錄、文件及報刊資料；並在香港和內地訪問了退休的老校長、教師和校友；先後組織了十五場校史座談，更在校友中展開了校史文物的徵集，《漢華七十》得以面世。

感謝近二百漢華人加入了校史片段、校史文物的尋覓行列，為我們提供了寶貴的資料和意見。

感謝梁博士以治史的專業，精心研讀漢華七十年的教育實踐，熱情謳歌代代漢華人的貢獻。

感謝中華書局（香港）有限公司的設計和出版！

編撰《漢華七十》的過程，是一個接受漢華三大傳統洗禮的體驗。身為漢華人，你會為這七十年感到光榮和自豪！

謹以此書

獻給為漢華的誕生和發展作出貢獻的前輩們！

與讀者們分享漢華奮鬥的故事！

校史整理編撰組

2019 年 12 月

附錄 一

辦學團體

　　漢華中學於 1945 年創校，1953 年 4 月，辦學團體「漢華中學有限公司」註冊成立，組成信託局，營辦和統管屬下的學校。「公司」獲豁免「有限公司」名義，並獲香港稅務局承認為非牟利慈善團體。2001 年更名為「漢華教育機構」。

1953 年

　　組成信託局，成員包括黃建立、李鴻舒、葉以恕、李誦謙、文緝熙、吳賢伯、陸民燦。葉以恕兼任秘書，黃建立擔任主席。

1992 年

　　信託局委任張祝華、宋偉澄為信託人。

1997 年

　　委任李潔儀、貝鈞奇為信託人。

2001 年

　　「漢華中學有限公司」更名為「漢華教育機構」，黃建立繼續擔任主席。信託局委任李麗蘭（即李月波）為信託人，葉國謙為執行秘書。

2003 年

　　黃建立主席病逝。委任李潔儀為主席。

2007 年

　　委任葉國謙為信託人，兼任執行秘書。

2010 年

　　委任鍾瑞明、李金鐘、黃襯歡為信託人，並委任宋偉澄、葉國謙為副主席，李雁怡為行政總監兼秘書。

二○一五年漢華教育機構信託局全人合照

前排左起：鍾瑞明、宋偉澄、李潔儀、葉國謙、李月波

後排左起：李雁怡、貝鈞奇、戴希立、李金鐘、李勝堆、黃襯歡

2015 年

　　委任戴希立、李勝堆為信託人。

2016 年

　　委任李雁怡為信託人，兼任行政總監及秘書。

　　李潔儀辭任教育機構主席，繼續擔任信託人。

2017 年

　　委任葉國謙為主席，貝鈞奇為副主席。

附錄二
校董會

1946 - 1947 年

馮光武擔任校董會董事長，校董包括李鴻釪、馮桂森、鍾國祥、彭釗、李煥華、羅小蓮。

1947 年 7 月

鍾國祥擔任董事長，校董包括李煥華、李鴻釪、彭釗、羅小蓮；名譽校董：葉炎威、葉佩泉、阮雁明、馬小進、趙元浩。

1947 年 9 月

陸民燦接任董事長，校董包括李鴻釪、阮飛、鄭偉明、陸葉新、楊一鳴。

1962 年

黃建立、李鴻釪、李作述、諸兆庚、陸民燦五人在香港教育司署註冊為校董，黃建立校監兼任校董會主席。

1994 年

李潔儀註冊為校董，兼任校董會秘書。

1999 年

梁振英、陳有慶、黃玉山、戴明馨、崔綺雲、馮敏威、鄧錦誠註冊為校董。

2004 年

崔綺雲校監兼任校董會主席，接替 2003 年逝世的黃建立主席。

2006 年

李雁怡註冊為校董，兼任校董會秘書。

2008 年

李鴻釪、諸兆庚、李作述改任名譽校董。

「漢華中學校董會有限公司」註冊成立，成員包括辦學團體校董、獨立專業人士校董、家長校董、校友校董、教職員校董及校長。

2011 年

家長校董黃惠玲、校友校董邱紹東和教職員校董嚴江聰加入校董會。

2013 年

關育材、譚鳳儀註冊為校董。

2014 年

梁兆偉接任教職員校董，陳廣成接任家長校董。

2017 年

葉華明註冊為校董，馮劍騰接任教職員校董，黃國新接任家長校董。

2019 年

霍詠強註冊為校董。

一九九五年校董合照
左起：李潔儀、李作述、黃建立、李鴻舒、諸兆庚

二〇〇六年校董合照
左起：關穎斌、馮敏威、黃玉山、梁振英、崔綺雲、李潔儀、陳有慶、戴明馨、李雁怡

二○一一年校董合照
前排左起：戴明馨、陳有慶、李潔儀、
崔綺雲、梁振英、黃玉山、
後排左起：嚴江聰、黃惠玲、馮敏威、
關穎斌、李雁怡、邱紹東

二○一五年校董合照
前排左起：戴明馨、黃玉山、崔綺雲、
李潔儀、譚鳳儀、關育材
後排左起：陳廣成、馮敏威、關穎斌、
李雁怡、邱紹東、梁兆偉

二〇一七年校董合照

前排左起：戴明馨、黃玉山、崔綺雲、李潔儀、譚鳳儀、馮敏威

後排左起：黃國新、葉華明、邱紹東、關穎斌、李雁怡、馮劍騰

二〇一九年校董合照

前排左起：關穎斌、戴明馨、崔綺雲、李潔儀、譚鳳儀、馮敏威

後排左起：霍詠強、黃國新、葉華明、李雁怡、邱紹東、馮劍騰

附錄 三
歷任校長

創辦人、首任校長
李鴻舒校長（任期 1945 － 1946）

　　李鴻舒校長歷任漢華教育機構信託人、漢華中學校董、名譽校董，畢生服務漢華。1958年，漢華夜中學成立，李校長一直擔任校長。1969年，為發展愛國教育事業，李校長參與籌辦育華中學，並擔任該校校長及校監。1972年，參與創立育華專科夜校，並擔任校監。

　　2003年，李校長榮獲香港特別行政區政府頒授「行政長官社區服務獎狀」，以嘉許他長期致力為教育服務。

　　2005年，李校長榮獲中共中央、國務院、中央軍委頒發「紀念中國人民抗日戰爭勝利六十周年」紀念章。

　　2010年11月，李校長於香港病逝。

李煥華校長（任期 1946 － 1947）

　　1946年9月，漢華已開辦至高中一年級，初具規模。李煥華校長1946年大學畢業後到香港，出任校長。

　　1947年，李校長返回廣州暨南大學繼續從事教育工作。1986年，漢華廣州校友會成立，他一直擔任廣州校友會顧問。

　　2015年4月，李校長於廣州病逝。

張泉林校長（任期 1947 － 1949）

　　張泉林校長於1947年8月至1949年12月期間擔任漢華中學校長。

　　張校長在任期間，提出了「為祖國而教育，為學生而服務，為真理而教學」的教育理想，並努力探索和實踐。他改革學校的行政體制，把學校的教和導結合，成立教導處；他重視家長對子女的教育，除了鼓勵老師個別約見家長外，還建立了召開家長會的制度；他重視體藝育人，邀請藝術家對學生進行新歌舞教育，教育成果顯著，藝術效果得到各界的好評。

　　張泉林校長以他的專業、睿智和堅定不移的立場，在四十年代風雨飄搖、時局動亂的環境下，為漢華定出了努力的方向，帶領學校穩

步發展。

1949 年返回廣州，後到廣州暨南大學擔任行政及教育工作，並長期從事教育研究，是新民主主義教育的理論家，著作豐富。

2008 年，張校長於廣州病逝。

黃建立校長（任期 1949 – 1987）

黃建立校長 1948 年進入漢華中學。自 1949 年起，歷任校長、校監、校董會主席、教育機構主席等要職。

在漢華服務的 56 年裏，黃校長帶領漢華中學扎根香港，經歷了種種風浪，並參與了學校每一個發展歷程，其中青蓮臺和小西灣兩個校舍的籌建和設計，他全力投入，鉅細無遺，付出了巨大的努力。黃校長以非凡的智慧和毅力，與漢華師生員工共同奮鬥，使學校得以成長和發展。

黃校長在任期間，就學校發展的不同階段先後提出了與時俱進的辦學方針：

1977 年提出「緊密聯繫本地、本校實際，提高教育、教學質量」；1985 年提出「提高質量，培養人才，積極參與，迎接九七」；1997 年提出「提高質量，培養人才，發展學校，貢獻社會」；2000 年提出「奮發創新，追求卓越，培養人才，貢獻社會」。

2003 年，黃校長獲香港特別行政區政府頒授金紫荊星章，彰顯他對教育的傑出貢獻。同年 11 月，於香港病逝。

馮敏威校長
（任期 1987 – 1990，
1999 – 2009）

馮敏威校長畢業於香港浸會大學中文系。1969 年進入漢華中學，1987 年擔任漢華中學校長，1990 年轉任副校長，1999 年出任校長、校董。

馮校長重視教學研究，積極推動各科提升教學效能，鑽研應試技巧，有效地指導學生提高成績。

在世紀交替之際，馮校長堅持辦學理念，衝破條件的局限，帶領師生在教與學領域上，大膽創新，以新的面貌迎接 21 世紀香港教育改革大潮的來臨。他帶領教師超越課堂，讓學生學會學習，在全校大力推展朗誦教育；又率先在中六開辦通識科「今日中國」課題；善用社會資源，開拓內地和本地學科考察活動，擴闊學生的學習領域，培養學生在德智體方面的成長，成效卓著。

馮校長曾任基本法推廣督導委員會、公民教育委員會、優質教育基金推廣及監察專責委員會委員，並參與制定教育署「1996 學校公民教育指引」。又曾任教育署課程發展議會公民教育科科目委員會主席、中六中國語文及文化科科目委員會和香港考試局中六中國語文及文化科科目委員會委員。

馮校長亦曾任香港教育工作者聯會副會長，香港直接資助學校議會創會主席。2007

年，參與創立「國民教育服務中心」，並擔任總監。2010 年榮休。

2003 年，馮校長獲香港特別行政區政府頒授榮譽勳章，表彰他對教育的貢獻。2006 年，獲委任為太平紳士。

甘鉅廷校長（任期 1990 – 1999）

1990 年，甘鉅廷博士出任漢華中學校長。時值學校申請參加直接資助計劃，他的加入給予了漢華重要的支持。

甘校長從事愛國教育 30 年，為愛國教育事業作出不少貢獻。除了管理校務外，甘校長還積極參加科學普及工作，在報刊雜誌發表科普小品，對推動青年學生愛科學、用科學，起了很好的作用。

甘校長還參與國家事務工作，曾連續三屆任廣東省全國人大代表。

1999 年 8 月，甘校長榮休。

關穎斌校長（任期 2009 –）

2009 年，正值漢華遷入小西灣新校舍不久，面對新的挑戰，關校長帶領師生員工群策群力，堅持辦學理念，抵禦壓力，克服種種困難，立足社區。至今，學校已發展成完全的中小學一條龍學校。他為學校的發展付出了極大的努力。

關校長致力把學校建成學習型組織，重視教學研究，積極推動教師專業發展。

他注重學生的全面發展。致力推行中小學一條龍資優教育、拔尖保底策略；在提升學業表現的同時，帶領中小學兩文三語穩步向前發展；為學生創設不少本地、內地和國際的學習平台；在體育、藝術方面，亦為學生提供多元發展的機會。

關校長致力培養學生服務社群、貢獻社會的良好品德，建立從小一至中六服務學習課程體系，並以新的形式豐富愛國教育的內涵，在傳承中華文化、深化價值教育方面，取得成效。

關校長積極參與課程發展，歷任課程發展議會轄下的初中生活與社會科專責委員會、初中地理科專責委員會、個人社會及人文教育委員會、綜合人文科科目委員會、德育及國民教育專責委員會、課程新措施委員會，香港考試局中六地理科科目委員會，以及課程發展議會及考評局新高中通識委員會等委員。亦曾任黑龍江省特邀政協委員。

關校長現任香港教師中心諮詢管理委員會、東區學校聯絡委員會、東區青年活動委員會、東區撲滅罪行委員會、東區怡灣分區委員會等委員。

附錄四
大事年表

1945	·抗日戰爭勝利結束後，11月，李鴻舒、鍾國祥和彭匯等愛國進步人士來到香港，本着為祖國培育人才、為同胞服務的宗旨，籌辦漢華中學。「漢華中學」辦校籌備委員會成立。後確立12月23日為校慶日。
1946	·2月，學校正式開課，開辦小一至初中一。創辦人之一李鴻舒擔任首任校長。馮光武任董事長。 ·7月，第一屆小學畢業 ·9月，在西環山道擴充校舍，李煥華出任第二任校長。 ·太白臺校舍改為分校，李鴻舒出任分校校長。開辦小一至初中二及高中一年級。
1947	·鍾國祥、陸民燦先後擔任董事長。張泉林出任第三任校長。 ·停辦分校
1948	·創辦《漢華叢刊》，張泉林校長撰寫〈我們努力的方向〉，提出「為祖國而教育、為學生而服務、為真理而教學」的辦學方針。 ·開辦小一至高三，成為中小學一條龍學校。 ·建立助學制度 ·12月，《漢華中學校歌》創作完成，由鍾敬文作詞，謝功成譜曲。
1949	·黃建立出任第四任校長 ·10月1日，慶祝中華人民共和國成立，學校懸掛五星紅旗。
1950	·成立校務委員會，黃建立擔任主任，李作述擔任副主任。 ·「漢華中學學生會」成立 ·6月，港英教育司以校舍不符防火安全條例為由，吊銷學校註冊。師生、家長團結護校。7月底，教育司撤回吊銷註冊的安排。 ·7月，第一屆高三畢業
1953	·4月，漢華中學註冊為「漢華中學有限公司」，並獲稅務局承認為非牟利慈善團體。「公司」成立信託局，黃建立校長擔任主席。
1954	·黃建立校長兼任校監

1957	·「漢華中學家長教師聯誼會」成立
1958	·「漢華中學校友會」成立 ·開辦漢華夜中學，李鴻舒出任校長。
1962	·成立校董會，黃建立校監兼任校董會主席。
1963	·1月31日，意外火災波及校舍，設備嚴重損毀。2月，校舍修葺完成，恢復在原校上課。 ·3月，「漢華中學建校基金籌募委員會」成立，黃建立為主任委員。 ·11月，山道校舍業主迫遷
1965	·8月，青蓮臺校舍落成啟用
1966	·開辦卑路乍街分教處
1967	·8月4日，黃建立校長被港英無理拘禁，李鴻舒出任代校長。
1968	·開辦元朗分教處和香港仔分教處
1969	·1月7日，黃建立校長獲釋，重返校長崗位。 ·校友會開辦「漢華校友會學校」，張光亮任校監，鄭偉容任校長。
1972	·兩間分教處先後改為元朗分校、香港仔分校。 ·諸兆庚、葉以恕出任副校長
1975	·黃建立校長參與創立「香港教育工作者聯會」，並擔任副會長。
1976	·吳賢伯出任副校長 ·「漢華校友會學校」停辦
1978	·開辦一年制大學預科
1979	·鄧統元出任副校長 ·開辦「漢華英文專科夜校」
1982	·7月，停辦元朗分校及香港仔分校
1984	·12月23日，「漢華中學廣州校友會」成立
1985	·提出貫徹香港過渡期辦學方針「提高質量，培養人才，積極參與，迎接九七」 ·馮敏威出任副校長 ·成立退休教職工組織「松濤社」
1986	·「漢華中學大專同學會」成立 ·「漢華中學菲律賓校友會」成立 ·黃建立校長等六所獨立私校校長聯合舉行記者招待會，向教育司署提出爭取轉為津貼學校。

1987	・黃建立辭任校長，繼續擔任校監。
	・馮敏威出任第五任校長
1990	・甘鉅廷出任第六任校長，馮敏威轉任副校長。
	・卑路乍街分教處停辦
1991	・成功加入「直接資助計劃」，成為首批「直資學校」之一。
1992	・「私立學校檢討委員會」訪校
	・開辦兩年制預科
	・舉辦第一屆全校學生參與的「勵志歌曲競唱」，活動延續至今。
1993	・學生中文文集《青蓮紫荊集》創刊
1994	・舉辦第一屆「漢華傑出學生」選舉
1995	・馮敏威副校長參與「課程發展議會」製訂《學校公民教育指引》
	・首次舉辦中六預科「內地學科綜合考察」
	・隆重慶祝五十週年校慶，信託局成立「漢華中學金禧紀念獎學基金」。
	・在陽山縣大崀鄉捐資興辦希望小學，命名為「漢華金禧紀念小學」。
1996	・馮敏威副校長任「課程發展議會」中學公民科科目委員會主席
	・慶祝香港回歸祖國倒數 200 天暨五十一周年校慶，香港特別行政區候任行政長官董建華主禮。
	・香港電台「春風伴我行」特輯，隨團攝製本校內地學科綜合考察專輯「祖國心」。
1997	・歡慶香港回歸，提出「提高質量、培養人才、發展學校、貢獻社會」的辦學方針。
	・首次舉行全校「香港學科考察日」，活動延續至今。
1998	・向教育局遞交申請新校舍辦學計劃書
	・1998 年至 2000 年，成功獲「優質教育基金」資助，推行八個優質教育計劃。
1999	・馮敏威出任第七任校長
2000	・獲教育署分配小西灣學校用地興建新校舍
	・提出「奮發創新、追求卓越、培養人才、貢獻社會」的辦學方針
	・馮敏威校長參與創立「香港直接資助學校議會」，出任創會主席。
2001	・「漢華中學有限公司」正式更名為「漢華教育機構」
2002	・獲教育署批出東涌 89 區學校用地興建中學新校舍
	・黃建立辭任校監，繼續擔任漢華教育機構主席及校董會主席。
	・崔綺雲接任校監
	・教育機構購買位於洛克道商業單位，供校友會作會所之用。

2003	·黎仲明先生遺贈漢華教育機構 640 萬元 ·關穎斌出任副校長 ·11 月，黃建立主席逝世，李潔儀接任漢華教育機構主席。 ·教育機構成立「黃建立教育紀念基金」
2004	·教育機構委任崔綺雲為校董會主席 ·10 月，小西灣新校舍舉行動土儀式
2005	·首度舉辦中學生赴英語國家的英語學習團，活動延續至今。 ·5 月，「小西灣新校舍經費籌募委員會」成立，梁振英擔任主席。 ·11 月，家長、教師、校友、學生在太平山頂舉行「齊創漢華新里程」步行籌款活動，逾千師生、家長、校友參加。 ·隆重慶祝六十周年校慶
2006	·香港賽馬會捐資近 400 萬，購置新校舍設備。 ·舉辦第一屆「兒童才藝叮叮叮大賽」，活動延續至今。 ·5 月，小西灣新校舍舉行平頂儀式 ·8 月，漢華教育機構與教統局簽署服務合約及小西灣新校舍租約 ·9 月，小西灣新校舍正式啟用，英文校名改為 Hon Wah College ·復辦小學，聘請吳美嫻為副校長（小學部）。 ·提出「繼往開來 培育菁英 與時俱進 力求卓越」作為新階段的辦學方針，確立校訓「漢粹國菁」。
2007	·馮敏威校長參與創立「香港國民教育服務中心」，並借調「中心」擔任總監。 ·關穎斌副校長出任署理校長 ·「漢華中學傑出學生獎」更名為「漢華中學賽馬會傑出學生獎」 ·與深圳市鹽田區外國語學校（中學）及深圳市民治第二小學締結姊妹學校 ·8 月，青蓮臺校園停用
2008	·蔡朝暉校友向母校捐贈港幣一百萬元，成立「蔡朝暉校友基金」。 ·與廣州市綠翠中學及寧夏銀川第二十四中學締結姊妹學校 ·9 月，中一按學生能力進行語言分流教學，開設一班四科以英語授課。 ·11 月，「漢華中學校董會有限公司」正式註冊成立 ·12 月，小西灣新校舍舉行開幕典禮及第一次開放日
2009	·學生英語年刊《Hon Wah in Blossom》創刊 ·關穎斌出任第八任校長 ·吳美嫻副校長離任，聘請吳麗霞為副校長（小學部）。 ·首辦小四學生內地交流計劃－廣州行 ·11 月，「漢華中學校董會有限公司」正式成為非牟利慈善團體 ·12 月，「漢華中學校董會有限公司」與教育局簽署服務合約

2010	· 首獲「第九屆香港綠色學校獎」和香港環保卓越大獎（銀獎） · 與澳洲昆士蘭科技大學、澳洲南岸政府理工學院及大都會南部技術與繼續教育學院達成直升協議。 · 聘請黃佩貞為副校長（中學部） · 吳麗霞副校長離任，聘請歐惠珊接任副校長（小學部）。 · 與廣州市番禺區橋城中學締結姊妹學校 · 小學生文集《菁菁校園》出版
2011	· 50 名中、小學生參演的英語音樂劇《綠野仙蹤》在柴灣青年廣場上演兩個專場 · 首辦「校友學堂計劃」 · 與浙江省台州市初級中學締結姊妹學校 · 與澳洲七所大專院校達成直升協議 · 9 月，中一按學生能力進行語言分流教學，開設兩班四科以英語授課。
2012	· 小學部首度舉辦小六新加坡語言文化學習團 · 11 月，教育局視學隊來校進行全面評鑒
2013	· 漢華教育機構舉辦「山道校舍火災五十年座談會」 · 張祝華先生子女向教育機構捐贈港幣一百萬元，成立「張祝華教育紀念基金」。 · 小學部榮獲「第十一屆香港綠色學校獎」及首獲「關愛校園」榮譽
2014	· 教研文集雙年刊創刊
2015	· 與台灣長庚大學達成升學協議 · 12 月，七十周年校慶開放日，校史室開幕，舉行時間囊封存儀式。隆重舉行七十周年校慶慶典暨晚宴，逾二千人出席。
2016	· 與湖北省華中師範大學第一附屬中學、華中師範大學第一附屬小學締結姊妹學校。 · 12 月，李潔儀辭任教育機構主席，繼續擔任信託人。
2017	· 1 月，信託局委任葉國謙擔任漢華教育機構主席，貝鈞奇為副主席。 · 舉辦第一屆「平和盃」乒乓球公開比賽，參加的中小學各有 32 所。 · 中一級開設一班全部科目以英語授課
2018	· 與中國人民解放軍駐香港部隊合作開展國防主題系列活動 · 12 月，首奪香港校際朗誦節中學英語戲劇項目六冠一亞佳績

附錄 五
歷年校服式樣

一九四九—一九七八
女生校服

一九七九—一九八四
夏季女生校服

一九八五—二〇〇五
夏季女生校服

一九四九—一九七八
男生校服

一九七九—二〇〇五
夏季男生校服

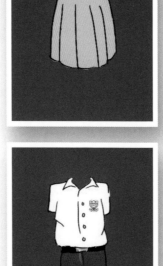

漢華70

一九七九－二〇〇五
冬季女生校服

幼稚園女生校服
一九七九－一九八九

一九七九－二〇〇五
冬季男生校服

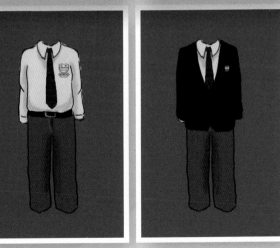

幼稚園男生校服
一九七九－一九八九

二○○六至今
小學冬季女生校服

二○○六至今
小學夏季女生校服

二○○六至今
小學冬季男生校服

二○○六至今
小學夏季男生校服

鍾詠嘉　指導

馮梓茵　繪

二〇〇六至今
中學冬季女生校服

二〇〇六至今
中學夏季女生校服

二〇〇六至今
中學冬季男生校服

二〇〇六至今
中學夏季男生校服

漢華教育機構

編

責任編輯　中華書局（香港）有限公司
裝幀設計　霍明志
排　　版　中華書局（香港）有限公司
印　　務　劉漢舉

出　版　中華書局（香港）有限公司
　　　　香港北角英皇道四九九號北角工業大廈一樓 B
　　　　電話：（852）2137 2338
　　　　傳真：（852）2713 8202
　　　　電子郵件：info@chunghwabook.com.hk
　　　　網址：http://www.chunghwabook.com.hk

發行　　香港聯合書刊物流有限公司
　　　　香港新界大埔汀麗路三十六號
　　　　中華商務印刷大廈三字樓
　　　　電話：（852）2150 2100
　　　　傳真：（852）2407 3062
　　　　電子郵件：info@suplogistics.com.hk

印刷　　美雅印刷製本有限公司
　　　　香港觀塘榮業街六號海濱工業大廈四樓 A 室

版次　　2020 年 4 月初版
　　　　©2020 中華書局（香港）有限公司

規格　　16 開（230mm×210mm）

ISBN　　978-988-8674-09-1